JN105339

地方の地域福祉

― 子どもの貧困とその対策・実践 ―

坂本 毅啓

大学教育出版

亡き父からは問題に真摯に向き合い続けることの大切さを、
母からは他者に対する優しさを教えてもらった。

感謝してやまない父と母に、この本を捧げる。

は じ め に

　2020 年の年明けとともに日本へ広がり始めた新型コロナウィルス感染症（COVID-19）の影響（コロナ禍）は、この最低限度の生活が十分に保障されてこなかった人たちの生活を直撃し、まさしく社会的脆弱性（vulnerability）が明確に顕在化したと言える。特に学校閉鎖に伴う子どもたちの孤立化、自粛生活に伴う家庭内での虐待の潜在化、そしてまことに残念な子どもの自殺など、我々がくらすこの社会の中では、今も子どもたちが困難な状況の中で生きざるを得ない。ひとりも取り残されることなく、すべての人が社会的存在である人間として最低限度の生活が保障され、そして自己実現に向けて生きていける社会の実現に向けてわずかでも貢献ができればという思いから、本著はここに上梓した次第である。ただし、後述のように本書の基となる原稿はコロナ禍前に執筆したものであるため、コロナ禍の中での子どもたちの状況を扱うことはできていない。しかし、このささやかな本が「with コロナ」、そして「after コロナ」においてどのような取り組みをすればよいか、そのヒントとなることができれば望外の喜びである。

　さて、上記のような想いを持った拙著をここに上梓することができるようになった経緯から、あえてまずはご紹介させていただきたい。もともと坂本の研究関心領域は、子どもの貧困といった子ども家庭福祉の領域にはなかった。学部生から大学院修士課程で取り組んだ障害児福祉施設、及び特別支援学校が被る騒音と大気汚染の環境問題（公害問題）では、貧困問題を取り扱ったものではなかった。むしろそれは、障害児福祉論というよりも、まちづくりや都市政策の中で障害児という少数派（minority）でかつ脆弱性を持った存在がどのように扱われてしまっているのかを、実在する問題を同時進行的に取り組んだテーマと出会ったと言える（坂本、2001）。修士課程修了後に取り組んできたテーマは、どちらかというとその時々の職場環境の影響を受けたものが多く、介護保障問題や介護福祉士養成（介護人材確保）といったテーマについて、制

度政策論から調査研究まで取り組ませていただいた。そしてあえて申し上げるならば、一人の父親であるという当事者性と子ども家庭福祉領域を研究する立場の峻別に自信を持てなかったことから、「親になることで子ども家庭福祉領域は研究できない」と感じて子どもの貧困というテーマは避けてきたテーマであった。2000 年代の 10 年間を知る人からすれば、「坂本がなぜ、子どもの貧困を取り扱うのか？」というのが、本音なのではないかとも思う。

　そのような筆者が子どもの貧困というテーマについて研究をさせていただくようになった経緯は、本当に偶然であった。2010 年 4 月に北九州市立大学地域共生教育センターの准教授として赴任した筆者は、学内のいわばボランティア教育センターのような部局の専任教員として、学生たちと一緒に地域活動に取り組んでいた。そんな中、2013 年に北九州ホームレス支援機構（現在の NPO 法人抱樸）が家庭状況の厳しい子どもたちを対象に、北九州市内で学習支援活動を行うことになった。そのための学生ボランティアを集めて欲しいということから、同じ大学の稲月正先生（北九州市立大学）からお声かけをいただいたことが最初である。この学習支援事業は、当時の厚生労働省社会福祉推進事業の補助事業として取り組まれていたため、共同研究者の一人として報告書の作成にも関わらせていただいた。この時に学習支援事業全体の紹介から、参加した子どもや、ボランティアへのインタビュー等を踏まえた事業評価を担当させていただいた。

　この報告書の内容を基に野村拓先生（元大阪大学）が主宰される医療政策学校合宿（三重県名張市）で報告をさせていただき、その際にお会いしたのが宮崎県日向市で子どもの貧困対策に取り組み始めていた志賀信夫先生（県立広島大学）であった。これが縁となり日向市での取り組みも関わらせていただくようになった。

　これ以降も NPO 法人抱樸での子ども支援事業に関わらせていただき続けてきた。さらに関連した仕事をいただいたり、あるいは研究助成をいただきながら地方の子ども食堂や学習支援事業のフィールドワークもさせていただいた。しかし、筆者としては子ども家庭福祉領域が専門であるとは未だ言えぬままではあるし、おそらく今後もそのようなことを申し上げることは恐れ多いと考え

ている。そのような筆者がこれまでに書かせていただいた文章を、地方の地域福祉という横串を通しながら編纂し、ここに一つの研究の到達点とさせていただいたのが本書である[1]。

　このような経緯でここに上梓に至った本書であるが、その想定している読者は、社会福祉学のみならず社会学や地域学を専攻する大学生、大学院生、学習支援や子ども食堂に関わっているボランティア、支援活動に取り組んでいる支援団体や支援員、社会福祉協議会の職員（特に地域支援員）、地方自治体でまちづくりや福祉行政に携わっている方々である。これまで多くを学ばせていただいた臨床現場での感覚からすると、本書の内容にズレを感じる点もあるだろう。そのズレは何か、どこから来るのかも、ぜひともお考えいただきたいと願っている。

　なお、本著の研究成果の多くは、NPO法人抱樸での子ども支援事業との関わりによるものである。NPO法人抱樸の代表である奥田知志氏をはじめ、支援員とボランティアの皆様のおかげによるところばかりである。事業の推進とその成果報告などの共同研究においては、稲月正先生、垣田裕介先生（大阪公立大学）、工藤歩先生（熊本学園大学）、添田祥史先生（福岡大学）、田北雅裕先生（九州大学）、堤圭史郎先生（福岡県立大学）、勅使河原航先生（北九州市立大学）、寺田千栄子先生（北九州市立大学）、西田心平先生（北九州市立大学）といった先生方（名前順表記）に大変お世話になってきた。

　日向市の調査データに関しては、子ども未来応援会議の委員という立場もあり資料を提供していただくことができた。会議の設置という英断をされた十屋幸平市長と、数々の資料を提供してくださった同会議事務局には心より感謝を申し上げる。日向市を中心とした宮崎県での活動では志賀信夫先生（県立広島大学）、畠中亨先生（立教大学）、日田剛先生（九州保健福祉大学）、掛川直之（東京都立大学）、喜多裕二氏（「のびのびフリースペース」代表）、そして特定非営利活動法人「結い」の皆様に大変お世話になった。なお、このデータ分析の結果とその見解については、すべて筆者である坂本の責任であることをあらかじめ断っておく。

　末筆となったが、本書は北九州市立大学学長裁量経費による出版助成を受け

ている。前著『福祉職・保育者養成教育における ICT 活用への挑戦』（大学教育出版）に引き続き、これで 2 回目である。心理学者としても尊敬する松尾太加志学長の人徳に感謝申し上げる。

2022 年 3 月

坂本　毅啓

論文初出一覧

　本書に収録した基となる論文等の原稿は、以下の通りである。

序　章：本書執筆にあたり新規に書き下ろし。

第1章：坂本毅啓（2018）「北九州市における人口動態と出生率上昇に向けた課題　〜大都市比較統計年表による比較分析〜」『地域戦略研究所紀要』北九州市立大学地域戦略研究所、第3号、P.47 〜 P.65。

第2章：坂本毅啓（2019）「大都市比較統計年表の比較統計分析から見た北九州市の地域生活課題」『地域戦略所紀要』北九州市立大学地域戦略研究所、第4号、P.65 〜 P.83。

第3章：志賀信夫・坂本毅啓（2018）「地方都市におけるインクルーシブな地域づくりに関する研究　〜日向市における子育て世帯の生活・ニーズ調査の二次分析〜」『先端的都市研究拠点2017年度公募型共同研究によるアクションリサーチ』大阪市立大学都市研究プラザ、第13巻、P.79 〜 P.97。
　　　　坂本の執筆担当箇所を基に加筆編集。

第4章：坂本毅啓（2019）「生活困窮・福祉ニーズを抱えやすい所得階層の境界線　子育て世帯における所得階層性の確認」『URP先端的都市研究シリーズ15　地方都市における子どもの貧困問題に関する研究』大阪市立大学都市研究プラザ、P.39 〜 P.59。

第5章：坂本毅啓（2019）「子育て世帯における社会的排除状態にある生活水準の推定と社会的排除率の推計方法の検討」『URP先端的都市研究シリーズ15　地方都市における子どもの貧困問題に関する研究』大阪市立大学都市研究プラザ、P.61 〜 P.83。

第6章：坂本毅啓（2018）「子どもの貧困対策としての学習支援の展開と政策的課題　― 保護者を含めた世帯全体への支援の重要性 ―」『医療福祉政策研究』日本医療福祉政策学会、第1号、P.41 〜 P.54。

第7～9章

　この各章については、以下の報告書で坂本が担当執筆した箇所を基に、内容を再構成して、加筆修正を行った。

　　特定非営利活動法人北九州ホームレス支援機構（2014）『厚生労働省　平成25年度セーフティネット支援対策等事業費補助金（社会福祉推進事業）生活困窮者に対する生活自立を基盤とした就労準備のための伴走型支援事業の実施・運営、推進に関する調査研究事業　報告書』

　　特定非営利活動法人・抱樸（2014）『生活困窮者に対する生活自立を基盤とした就労準備のための伴走型支援事業の実施・運営、推進に関する調査研究事業』）

　　特定非営利活動法人・抱樸（2015）『困窮状態にある子ども・未成年に対する学習支援および社会参加・生活（世帯）支援などの実施・運営及び、総合的伴走型支援体制の構築に関する調査・研究事業報告書』

　　特定非営利活動法人（2016）『厚生労働省平成27年度　生活困窮者就労準備支援事業費等補助金（社会福祉推進事業）　官民学企（業）地（域）連携による地域の生活困窮世帯への包括的な支援体制の構築及び社会参加のための支援メニューの開発に関する調査・研究事業　報告書』

　　特定非営利活動法人・抱樸（2018）『ひきこもり状態にある若年者・児童およびスネップ状態にある者とその家族を支える包摂型世帯支援の構築と、世帯の支援メニューと支援ツールの開発、および困窮世帯を支える市民参加型の地域連携の在り方に関する調査・研究事業　報告書』

第10章

以下の報告書で坂本が担当執筆した箇所を抜粋し加筆修正を行った。

　　特定非営利活動法人・抱樸（2019）『子供の未来応援基金第2回未来応援ネットワーク事業　学校、企業、地域との連携による高校進学支援、高校中退防止及び社会からの孤立を防ぐ事業報告書』

第11章

以下の報告書で坂本が担当執筆した箇所を抜粋し加筆修正を行った。

　　特定非営利活動法人抱樸（2018）「高校中退防止のための相談事業と地域

連携プロジェクト　報告書」（分担執筆）

第 12 章

　下記の 2 論文から、坂本の執筆担当箇所を基に内容を再構成し、加筆修正を行った。

　　寺田千栄子、坂本毅啓、難波利光（2017）「地方都市における子どもの貧困対策としての教育保障の展開」『関門地域共同研究』関門地域共同研究会、第 26 号、P.43 ～ P.57。

　　工藤歩、坂本毅啓、難波利光、寺田千栄子（2018）「子どもの社会的排除に対する地方都市における取組み」『関門地域共同研究』関門地域共同研究会、第 27 号、P.33 ～ P.56。

第 13 章：坂本毅啓（2019）「『高齢化団地』における子どもへの支援活動の実践とその成果及び課題の分析」『地域創生学群紀要』北九州市立大学地域創生学会、第 2 号、P.31 ～ P.50。

終　章：本書執筆にあたり新規に書き下ろし。

　本書の出版にあたり、ご協力を賜った各団体、掲載誌に対して心よりお礼を申し上げる。

地方の地域福祉
―子どもの貧困とその対策・実践―

目　次

第 I 部　政策編

第Ⅱ部　実践編

地方の地域福祉
―子どもの貧困とその対策・実践―

序　章

研究の背景と目的

I.　地方への着目

1.　地方のための地方創生

　地方創生という言葉は、2021 年時点では少々古い言葉となりつつあるようである。一時のことを思い浮かべると、「地方創生は一時的なムーブメントでしかなかったのか？」と言いたくなるほど、地方の課題は産業から雇用、医療、教育、生活、そして自然災害やインフラの維持など幅広いまま、改善の兆しはまだ見えてこない。むしろコロナ禍の影響から、観光産業を柱にしていた地方ではより深刻な状況を迎えていると考えられる。つまり、地方創生は過ぎ去った言葉ではなく、むしろ今後ますます重要なテーマになるのではないかと筆者は推察している。

　さて、この地方創生という言葉が広まった背景には、いわゆる『増田レポート』で指摘された地方消滅論が大きい（増田：2014）。人口動態統計資料等から将来の人口を推計し、地方が都市部に対して人材提供する機能が失われ、結果的に都市部の高齢化がさらに進展することとなり、現在高齢化率が低い都市部にあっても深刻な事態に陥ることを示したことは、地方のあり方に多くの人の目を向けさせたという点で社会的インパクトは大きかったと言える。

　一方で、この地方消滅論に対する反論も行われている。ここでは取り上げないが、こういった議論が社会的に喚起されたことは意義があったと考える。実際、地方の国公私立大学ではいわゆる地域系学部・学科が開設され、「地方の

シャッター街を解決する」や「過疎化が進む地域を活性化する」という意欲を持った若者が学び、活動に取り組む流れにも影響を与えたと言えるだろう[2]。

　しかし、このような地方創生論において、1つ気をつけるべき点がある。それは増田レポートを中心とするような地方創生論は、都市部に人口を提供し続けるための地方創生であり、地方でくらす人たちの生活に根ざす地方のための地方創生であったとは言い切れない。本質的には「都市部のための地方」という関係性のままでの議論では、地方の主体性を踏まえていると言えるのだろうか。

2. 地方のための地域福祉

　実は、上記のようなことは、地域福祉論の中においても同様なことが起きているのではないかというのが、本書の題名を「地方の地域福祉論」とした理由である。確かに、多くの地域福祉研究を概観する限り、地方のさまざまな取り組みが紹介されている。学習支援の先進事例を紹介する報告書を見ても、地方の取り組みが紹介されている。そしてそれらは平面的に「地域」という括りとして、福祉実践が紹介され、分析されている。はたして、都市部と地方では同じなのであろうか。その点で地方の地域福祉に関する研究は垣田（2011）をもって嚆矢とすることができる。

　地方では都市部よりも少子高齢化が進み、社会資源も限られる。後述のように本書で取り上げる北九州市は人口減少数が最も多い市であり、政令指定都市の中では最も高齢化率が高い。生活保護行政では「ヤミの北九州方式」と言われ、生活困窮者が餓死するような事件も複数起きたこともある。子どもたちを取り巻く環境は決して良いとは言いきれない。しかしNPO法人抱樸のような民間団体の取り組みや、市行政による積極的な取り組みは存在している。

　人口規模が5万人を下回るような市・町・村では、ボランティアや寄付金を出すような企業といった存在は乏しく、社会福祉士の教科書で出てくる「社会資源の有効活用」がそもそも不可能な地域もある。一方で、そのような中にあっても、知恵と工夫、そしてキーパーソンの存在によって独自に取り組んでいる地域もある。大都市部を前提とした地域福祉ではなく、小規模で人口の縮

小傾向が続いている地域での地域福祉はどのようになっているのかを明らかにする、つまり地方のための地域福祉論を研究することが重要なのではないかと考えるに至った訳である。

II.　子どもの貧困への着目

1.　子どもの貧困への関心の高まり

　地方創生と同様に、近年関心が高まっている地域福祉課題の一つが子どもの貧困である。子ども食堂や学習支援（無料塾）、フリースクールや居場所支援など、さまざまな活動が行われている。そのような状況を鑑みると、なぜ「子どもの」貧困なのであろうか。それでは「大人の」貧困はどうなのであろうか。関心が高まる一方、それは自己責任の「大人の」貧困に対して、「親ガチャ」[3]とまで言われる「親は選べない」から「かわいそう」という哀れみから「施し」を与えようとしているのであれば、はたしてそれは地域福祉実践と言えるのだろうか。「大人」は自分で人生を選んできた結果だから自己責任、「子ども」は自分で選べない環境で「貧しい」からかわいそうという選別主義的考え方では、問題の本質をとらえているとは言えない。つまり、単にかわいそうなどという慈善・救済事業的取り組みではなく、社会福祉学の対象課題として子どもの貧困を科学的にとらえ、その解決に向けた実践を考えなければ、子どもの貧困（＝家族・世帯の貧困）は解決されないのだ。

2.　子どもの貧困に関する先行研究の主な動向

　先に述べたように、子どもの貧困については国民的関心も高く、また近年は学術誌や商業誌、そして大学紀要に掲載される論文だけでなく、啓発的な本から高度な学術書まで幅広く研究成果が発表されている。また子どもの貧困対策法の制定に伴い、都道府県や政令指定都市では子どもの貧困対策の評価指標を明らかにする観点から、生活実態調査等も行われている。つまり、子どもの貧困の関心の高まりにより、ここ数年で相当数の先行研究が蓄積されたと言える。

　それでは、子どもの貧困、つまり貧しい子どもを取り扱った研究は最近始まったものかというと、そうではない。児童養護というキーワードで、さまざまな理由から貧しい生活を送らざるを得ない状況にあった子どもたちの研究は行われてきた。子どもの貧困に関する研究動向について松本（2014）は「子ども・若者が直面する不利や制約はどのような姿をとるのか、どのような社会的なメカニズムで問題が生まれ深刻化するのか、子ども・若者の貧困の現実を明らかにする研究は、まだ蓄積が少ない」状況にあるとしている。その上で、従来の社会福祉研究は「婦人保護」や母子福祉、社会的養護、公的扶助の領域が子どもの貧困について取り組んできたが、最近では子どもの学習支援や居場所づくり等の活動が広まってきており、従来の社会福祉研究の取り組み方と近年の支援活動をどのように考え、「政策と実践を厚みのあるものにしていけるのか、研究は緒についたばかりである」と指摘している。（松本、2014：79）

　松本の指摘するような社会的養護、あるいは児童福祉という観点から子どもの貧困を視野に入れた見方の一例を挙げると、野澤（1991）を挙げることができる。「児童福祉は、資本主義社会が構造的に生み出す社会問題としての児童問題（母性を含む）への社会的対応であり、健全な生活と発達に社会的障害をもつ児童個々人に対する公的保護の諸政策および保護養育に関する社会的（公私の）サービスの全体系」と定義した上で、「その起源を工場法[4]の制定に求め」ることができるとしている（野澤、1991：158）。井垣（1985）も同様に、次代の国民として児童の扱いは工場法の制定により「労働」から「教育」へと「革命的変革を意味するものであった」と指摘している（井垣、1985：40）。

　次に児童福祉という観点では、1947（昭和22）年に児童福祉法が成立以降という区切りで見ると、日本社会福祉学会が1956（昭和31）年から2年間取り組まれた「共同研究課題」は興味深い。この共同研究の成果は『日本の貧困』（1958年）として出版されたが、この中の第5章第6節で紹介されている夜間中学生を取り上げた教育における貧困の問題では、昼間の中学校に行けなかった理由から夜間中学へと通えるようになった理由まで東京都内の事例分析から明らかにしている（小川、1958：261）。

　先述のように、子どもの貧困問題に対する対策やその研究は、古くから存在

していたと言える。第二次世界大戦後の子どもの貧困の歴史について整理された研究として相澤ら（2016）がある。しかし近年の子どもの学習支援や居場所づくり等の活動とそれに関する社会福祉研究は、少々異なる流れから出てきていると考えられる。

　近年の日本国内における子どもの貧困への関心の高まりは、阿部による社会政策論的アプローチの流れを1つ挙げることができる。一連の研究を啓蒙書として整理された阿部（2008）や阿部（2014）は、公式統計データなどを活用して政策論的に分析・考察を行っている。この社会政策的アプローチをベースにしながら諸外国との比較や社会的支援の在り方まで包括的に明らかにしているのが埋橋ら（2015a）と埋橋ら（2015b）である。実践と政策の両面から解決に向けた取り組みについて提起しているものとして浅井（2017）も挙げることができる。

　一方で子どもの貧困と教育という観点からの研究では就学援助や学校給食の問題から取り組んだ鳶（2013）と、学習支援の臨床現場から貧困の連鎖を断ち切る学習支援の在り方を提起した宮武（2014）がある。学校教育現場における連携という観点から支援の在り方について研究したのは吉住ら（2019）がある。生活困窮世帯の子どもの学習支援という現場を軸にして分析が行われているものとして松村（2016）、松村（2017a）、松村（2019）、松村（2020）という一連の研究成果は、マクロからミクロレベルまで分析が行われている。

　子どもの貧困について実態調査から明らかにしようとした研究としては長谷川（2014）、林（2016）、山野（2019）といったものを挙げることができる。家族・ジェンダーの視点から子どもの貧困を批判的検討したものとして松本（2017）は、家族も含めた支援の在り方を検討する重要性を改めて示しており大変興味深い。そして地方という枠組みから子どもの貧困を取り扱ったものとして志賀ら（2016）と沖縄県子ども総合研究所（2017）を挙げることができる。

　ここまで主な先行研究をピックアップしてきたが、政策と実践の両面をより厚みのあるものにしていける研究の蓄積が望まれることが分かる。

III. 本研究の目的と方法

1. 何を明らかにしたいのか

　前節で述べたように、政策と実践の両面に寄与できるような研究が、子ども
の貧困（社会的排除）に関する研究で求められている。これを踏まえた上で本
書では①地方の地域福祉課題はどのようなものがあるのか、②それに対してど
のような地域福祉実践がなされているのか、③その地域福祉実践はどのような
成果ともたらしたのか、④そして今後はどのような地域福祉実践と政策が必要
なのかを明らかにしたい。

2. 社会福祉学としての視点

　研究上影響を受けた社会福祉の定義としては孝橋（1977）がまず挙げられ
る。

　　社会事業 [5] とは資本主義制度の構造的必然の所産である社会的問題にむけられ
　　た合目的・補充的な公・私の社会的方策施設の総称であって、その本質の現象的
　　表現は、労働者＝国民大衆における社会的必要の欠乏（社会的障害）状態に対処
　　する精神的・物資的な救済、保護、および福祉の増進を、一定の社会的手段を通
　　じて、組織的に行うところに存する。（孝橋、1977：43）

　社会福祉学は実践の学問であるという点では、ソーシャルワークのグローバ
ル定義も参考としている。

　　ソーシャルワーク専門職のグローバル定義
　　ソーシャルワークは、社会変革と社会開発、社会的結束、および人々のエンパ
　　ワメントと解放を促進する、実践に基づいた専門職であり学問である。社会正義、
　　人権、集団的責任、および多様性尊重の諸原理は、ソーシャルワークの中核をなす。
　　ソーシャルワークの理論、社会科学、人文学、および地域・民族固有の知を基盤
　　として、ソーシャルワークは、生活課題に取り組みウェルビーイングを高めるよ
　　う、人々やさまざまな構造に働きかける。

　さらに、筆者が研究上影響を受けたものとして権丈（2009）がある。この中では「市場のダイナミズムを享受しながら、そこに生きる人たちが、尊厳をもって人間らしく生きていくことができ、かつ、一人の人間として生まれたときに備え持っていた資質を十分に開花させることのできる機会が、広く平等に開かれた社会はいかなるものであるか？」という問題意識が紹介されている。この文章には、坂本がこれまで言語化することができずにいた問題意識を見事に言い表されていると考えており、後述の筆者なりの視点に大きな影響を与えた。

　主だったものだけをここには挙げたが、これらを踏まえた著者なりの社会福祉学としての視点は次のようになる。

　　　資本主義経済社会を前提とした社会の中で、全ての人にナショナルミニマム（最低限度の生活保障）が完全達成され（ナショナルミニマムの普遍的保障）、社会的な生活保障に向けた公・私の取り組みを通して人間としての生命が守られる社会とはどのような社会かを考える。そのために歴史性（時間軸）と社会性（空間軸）に規定された社会問題としての生活問題に対し、マクロ、メゾ、ミクロの各レベルからのアプローチによって問題構造を明らかにすると同時に、その問題解決のために必要な課題の検討、実践、その評価について実証的に明らかにする。

　以上の視点を基本としながら、本書では研究を進めていくことにする。

3.　研究方法

　研究方法としては公式統計である「大都市比較統計年表」を活用した大都市間比較分析、日向市で実施された「子育て世帯の生活実態調査」の生データに基づく二次分析といった量的分析から、当該地域全体の子どもを取り巻く環境、社会状況について明らかにする。いわばこれは、地域単位での視点による分析であると言える。なお、調査データの解析に使用した統計ソフトについては、各章で示している。

　次に、NPO法人抱樸での支援活動に関する支援記録やアセスメント・プランニングシートといった関係書類、学生による子どもの居場所支援の活動記

録、地方での子どもへの支援活動のフィールドワークなどについては、質的分析から何が行われており、どのような成果を出すことができているのかを明らかにする。その他、各章で研究方法について述べている場合は、そちらを参照していただきたい。

IV. 用語の定義

1. 子どもの貧困の定義

　講義や講演で貧困のイメージを尋ねると、ラウントリーの第一次貧困、あるいは生命の危機に瀕した状態である絶対的貧困のイメージを持たれていることが多い。しかしここで扱う子どもの貧困とは、日向市子ども未来応援会議で志賀（2016）に影響を受けて定義された、「子ども達のウェルビーイング（well-being、幸福追求）のための財、自由、選択肢が制限・欠如されている状態」のことを意味する。お金や家族機能、あるいは社会的支援等が必要であるにもかかわらず欠如した状態にあり、結果的に自己実現が困難となっている状態を指す。単に「お金が無くて、ご飯を食べることができない」という状態のみを指すわけではない。つまり子どもの貧困とは表記しているが、子どもの社会的排除と同じ意味で用いていると解釈していただいて構わない。

2. 研究対象としての地方の範囲

　ここで扱う地方という範囲の設定については、『社会学事典』を参照とした。これによれば「地方都市とは、これら中央（東京、大阪、京都のこと：坂本追記）に対する地方都市」、あるいは「場合によっては東京以外のすべての都市を地方都市とよぶこともある」としており、「国の中心・東京に対する地方が認識され、地方都市が自覚される」と述べている（山下、2015：740）これを踏まえ、東京、大阪、京都の大都市部以外の地域を本研究では地方とした。垣田（2011）では中核市規模を含めた小規模自治体を地方都市として扱っているが、政令指定都市の中でも高齢化が最も進んでおり、子どもを取り巻く社会状況としても厳しい状態にある北九州市も地方に含めた。なお、本研究で扱う

範囲としては、これまでのフィールドワークの範囲等の関係から西日本を中心
とした。

V.　本書の構成

　本書は第Ⅰ部政策編で地方の大都市である北九州市をまず取り上げ、公式統
計データから子どもの取り巻く社会状況を整理していく。西日本の地方として
宮崎県日向市で行われた子育て世帯の生活実態調査の二次分析から子どもの貧
困とはどのような生活困難をもたらすのか、そしてどのような生活水準で起き
やすいのかを取り上げる。

　第Ⅱ部ではNPO法人抱樸での子ども学習支援事業及び子どもまるごと支援
事業に関する実践の紹介と、その成果の分析を紹介する。これらの支援はケー
スワーク、グループワークという枠組みで捉えることも可能であろう。次に
西日本の地方と呼ばれる地域での子どもの貧困への取り組みについて事例とし
て紹介する。そして高齢化団地での子どもの居場所づくり支援の活動を取り上
げ、コミュニティソーシャルワークとしての成果について分析した結果を紹介
する。

　なお、ここで紹介する事例については、コロナ禍前の状況をまとめたもので
あることには十分にご留意願いたい。しかし、これからどのような取り組みを
することができるのかを考えるヒントとして、十分に示唆を得ることができる
と考えられる。

第Ⅰ部

政 策 編

第 1 章

北九州市における出生状況とその課題

I. は じ め に

　北九州市の高齢化問題は、地域住民の抱える福祉ニーズとして表面化し、その対応が地域福祉計画でかかげられているように市民参加型の中で取り組まれている。北九州市行政としても、この高齢化問題に対する意識は、かなり高いものがあると言える。一方で、北九州市における高齢化問題に関する研究について、その研究的蓄積についてはあまり進んでいないのが実情である。

　そのような中、貴重な先行研究としては、高齢化とコミュニティという点に着目した研究として楢原（2014a）と楢原（2014b）を挙げることができる。また、高齢化に伴う福祉問題という点に着目した研究としては石塚（2007）と石塚（2008）を挙げることができる。一方で、北九州市は政令指定都市であり、その大都市間での比較分析を通して北九州市の高齢化問題や、より大きく表現すると人口問題について提起した研究は管見の限り見られない。

　このような背景を踏まえて、本研究では大都市比較統計年表の最新版である平成27年度版を主に用いて、公式統計データによる比較分析を通して、北九州市の人口の高齢化とその背景、今後の課題と展望について明らかにすることを目的とする。なお、本論では、特に断りが無い限り、横浜市による大都市比較統計年表のウェブサイトで公開されているデータを活用させていただいた［横浜市、2021］。

II. 北九州市の人口動態と高齢化

1. 人口の動向

　「大都市比較統計年表／令和元年版」によると、北九州市の人口は94万4,156人であった。これは大都市間でみると、第14位であり、同じ福岡県内の福岡市と比較すると、北九州市は人口で65万2,516人少なく、順位では福岡市が第6位に対して8位分順位が低い。北九州市に人口規模が近い自治体としては、上位には仙台市が109万263人（第12位）、千葉市が98万203人（第13位）、下位には堺市が82万7,971人（第15位）、新潟市が79万6,500人（第16位）と続く。なお、同じ九州圏内では熊本市が73万9,393人（第18位）

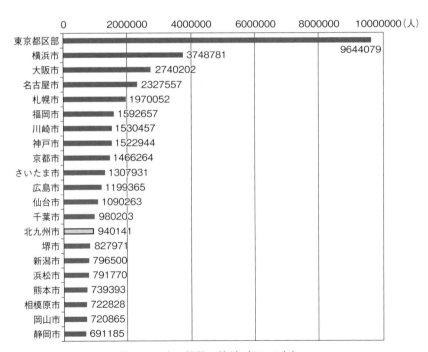

図1-1　人口総数の比較（2019年）
（出典）大都市比較統計年表／令和元年版より作成。

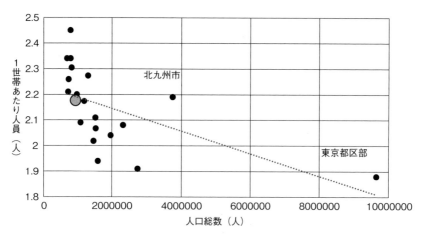

図 1-2　人口総数と 1 世帯あたり人員の比較
（出典）大都市比較統計年表／令和元年版より作成。

となっている。

　1 世帯あたりの人員数について、比較すると、図 1-2 のように人口総数が増加すると 1 世帯あたり人員が減少する傾向があることが分かる。その中で北九州市は、1 世帯あたり人員が 2.18 人であり、大都市の中では中位にある。北九州市は、とりわけ世帯の小規模化が進んでいるというわけではない。

　しかし、時系列で見ると 1 世帯あたり人員は減少してきている。図 1-3 のように、1920 年から 2019 年までの 100 年間の北九州市の人口推移をみてみると [6)]、戦争の影響と思われる 1940 年から 1947 年の人口減少があるものの、1985 年ごろまで一貫して人口増加傾向にあった。しかし、1990 年から 2019 年にかけては人口減少に転じている。一方で、世帯数については人口減少以降も一貫して増加傾向が見られる（1990 年：36 万 7,341 世帯 → 2019 年：42 万 1,960 世帯）。つまり、1 世帯あたり人員数は減少傾向にあり、世帯の規模が小さくなる傾向が続いている。

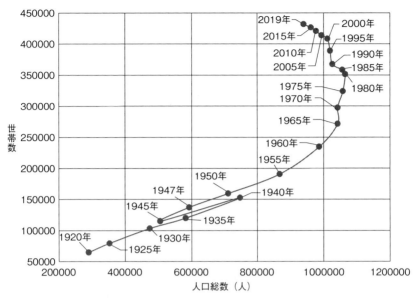

図 1-3　総人口と世帯数の推移（1920 年〜 2019 年）
（出典）大都市比較統計年表／令和元年版より作成。

2.　人口の高齢化

　いわゆる「地方消滅論」（増田：2014）で指摘される地方の高齢化問題は、政令指定都市である北九州市でも同様におきている。大都市間比較では、北九州市は高齢化率 29.3％と最も高い数値になっている。同じ県内の福岡市（20.7％、第 20 位、下から第 2 位の低さ）と比べると、8.6％の差がある（図 1-4 参照）。

　さらに、図 1-5 で示したように、北九州市は男性よりも女性の方の高齢化率が高い地域でもある。もともと女性の平均寿命は男性よりも長いことを勘案すると、女性の独居高齢者が他の地域よりも多くいる可能性が高いと言える。

　ここまで見てきたように、まず北九州市の人口は減少傾向にあるが、一方で世帯数は増加傾向にあり、ここから 1 世帯あたりの人数は減少傾向にあることが分かった。そして高齢化率については、大都市の中では最も高く、男性よりも女性の高齢化率が大きく高いことを踏まえると、女性の独居高齢者が他の

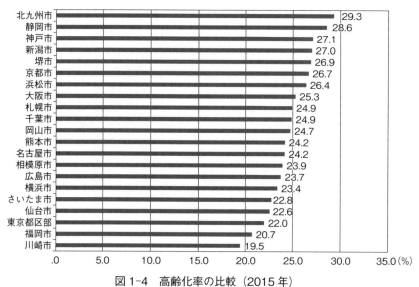

図 1-4 高齢化率の比較（2015 年）

（出典）大都市比較統計年表平成 27 年版より作成。

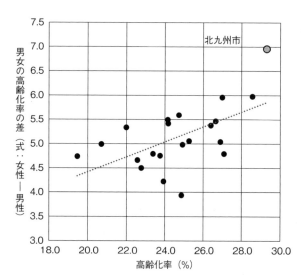

図 1-5 高齢化率と男女差の分布

（出典）大都市比較統計年表平成 27 年版より作成。

都市よりも多く、かつ増加傾向にあることが推測された。これを踏まえて、人口と高齢化率に影響を与える人口の増加と出生の動向について、比較分析を進めていくことにする。

III. 人口増加比率と出生の動向

1. 人口増加比率の比較

　前の章では、北九州市における人口の推移についてみてきた。それでは、人口が減少する背景には何があるのであろうか。人口の増減は、出生数と死亡者数の差による自然増加と、市内へ転入する人と市外へ転出人の差による社会増加の2つ変数によって決まってくる。図1-6は横軸に社会増加比率（人口千人につき）、縦軸に自然増加比率（人口千人につき）をとった二次平面上に各大都市のデータをプロットしたものである。北九州市は社会増加比率、自然増加比率ともにマイナスとなっており、出生数が死亡数を下回り、かつ市内への転入が転出を下回る状況となっている。北九州市の自然増加比率がマイナス

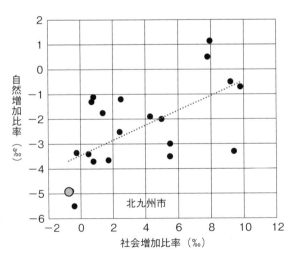

図1-6　社会増加比率と自然増加比率の比較（2019年）

（出典）大都市比較統計年表／令和元年版より作成。

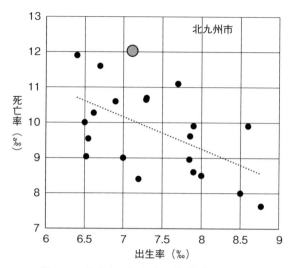

図1-7　出生率と死亡率の比較（2019年）
（出典）大都市比較統計年表／令和元年版より作成。

で人口減少傾向になっていることについては、図1-7に示したように出生率が低く、死亡率が高い地域であることからも分かる。

　出生率を高める上で、結婚を通して新しい家族が増えることは重要なことである［難波・坂本、2017：126］。その点について婚姻率と離婚率について、比較をしたのが図1-8である。北九州市は婚姻率が低位であり、一方で離婚率は高位となっている。子どもを安心して産み育てられる環境は、人口増加に影響を与えると考えることができるが、この離婚率の高さと婚姻率の低さについては、北九州市における人口だけでなく福祉行政も含めた政策的課題であると認識する必要があるだろう。

　それでは、出生率と死亡率以外に人口増加比率と関連のある項目はないのであろうか。この問いを踏まえて、世帯主の勤め先収入（勤労者世帯1世帯当たり1か月間）、婚姻率などと相関関係をみてみると、表1-1のような相関関係が見られた。また、婚姻率は自然増加よりも社会増加比率の方が少し強い相関関係を示しており、婚姻率を高めることは人口増加において重要な項目であることが分かる。

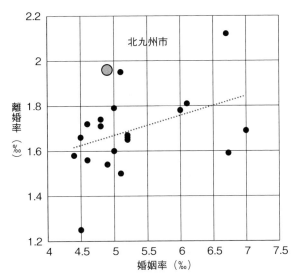

図1-8　離婚率と婚姻率の比較（2019年）

（出典）大都市比較統計年表／令和元年版より作成。

表1-1　人口増加と相関関係のある項目

		人口増加比率	自然増加比率	社会増加比率	出生率	死亡率
世帯主の勤め先収入	Pearson's r	0.587	0.387	0.608	0.165	− 0.445
（勤労者世帯1か月間）	p-value	0.005	0.083	0.003	0.476	0.043
婚姻率	Pearson's r	0.775	0.632	0.744	0.692	− 0.474
	p-value	＜.001	0.002	＜.001	＜.001	0.03

（注）相関関係分析は統計ソフト Jamovi ver.2.0 を使用した。

（出典）大都市比較統計年表／令和元年版より作成。

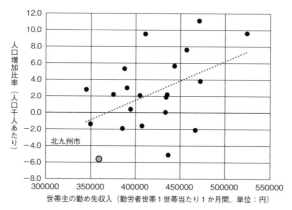

図1-9　世帯主の勤め先収入と人口増加比率の関係
（出典）大都市比較統計年表平成27年版より作成。

　表1-1で示したように世帯主の勤め先収入と人口増加比率は相関関係がみられ（有意確率0.03）、それをプロットしたのが図1-9である。この図から北九州市は世帯主の勤め先の収入が低く、人口増加比率はマイナスとなっており、収入面が人口増加に影響を与えていることが見えてくる。北九州市において人口増加を目指す上では、労働者賃金（勤め先収入）は重要な要素であると言えよう。

　図1-10は、表1-1で最も相関関係係数が大きく、かつ有意確率が0.00となった組み合わせを二次平面上にプロットした図である。この図で北九州市に着目すると、婚姻率が低位であり、人口増加比率は最低位であることが分かる。

　図1-10の婚姻率と人口増加比率の関係性をより掘り下げるべく、図1-11では婚姻率を横軸にとり、縦軸に自然増加比率に影響を与える出生率（人口千人あたり）をとった二時平面を用意した。そこへ、各大都市の婚姻率と出生率を基にしたクラスター分析（ward法、ユークリッド平方距離）を行い、3つのクラスターに分類を行った。

　クラスター1（東京都区部、川崎市、福岡市）は婚姻率が高く、出生率も高い人口増加傾向にある大都市部である。北九州が属するクラスター2（仙台

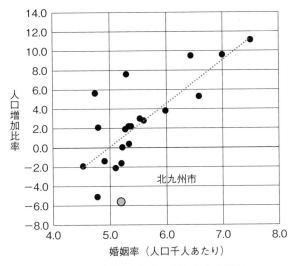

図1-10　婚姻率と人口増加比率の関係

（出典）大都市比較統計年表平成27年版より作成。

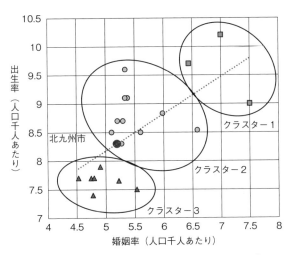

図1-11　婚姻率と出生率によるクラスター分析

（出典）大都市比較統計年表平成27年版より作成。

市、さいたま市、横浜市、浜松市、名古屋市、大阪市、堺市、岡山市、広島市、北九州市、熊本市）は婚姻率が中位であるが、出生率は中位から高位に位置する地域である。最後にクラスター3（札幌市、千葉市、相模原市、新潟市、静岡市、京都市、神戸市）は婚姻率が低位から中位であり、出生率が低位の地域である。北九州市の現状として出生率は低くはないものの、婚姻率が低い状態にあり、決して楽観視できるものではないであろう。また、福岡市を参考にして考えるならば、やはり婚姻率を高め、出生率を高めることが必要であろう。

　ここまで、婚姻率と人口増加比率および出生率の関係について見てきた。しかし、婚姻率は高齢者が多い地域、つまり高齢化率の高い地域では若年層の減少から婚姻率は低くなる傾向がある。また、人口増加率の中には自然増加率も含まれているため、高齢化率が高い地域では死亡率が高い傾向があるために、人口増加比率は低くなる。これらを踏まえると、高齢化と人口増加、そして婚姻率の3つの複雑な関係性が見て取れるが、若年層の存在が重要であるという点は共通していると言えよう。

　それでは、北九州市は若年層が安心して子どもを産IPみ育てられるような環境にあるのだろうか。次に、対極にある状況として死産、特に人工死産に着目して、北九州市における課題の分析を進めていくことにする。

Ⅳ．人工死産率の動向とその背景

1．人工死産率が高い北九州市

　大都市比較統計年表の人口に関する統計データの中で、北九州市が毎年トップ争いをしているデータがある。それは図1-12で示した人工死産率で、母体保護法が規定している人工妊娠中絶数のうち満12週以降ケース数が[7]、[8]、出産千人に対して占める割合を示したものである（式：人工死産数／出産千人、単位：‰）。

　実数では150であるが、割合としては18.5‰と、大都市の中では最も高い。毎年札幌市と北九州市で上位2位を争ってしまっており、大都市比較統計年表

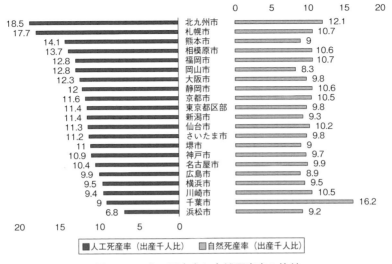

図1-12 人工死産率と自然死産率の比較
(出典) 大都市比較統計年表平成 27 年版より作成。

の平成 25 年版および平成 26 年版では北九州市は 2 位の高さであった。それでは、どうして北九州市は人工死産率が高いのか。次にその背景について、統計データから分析を進めていくことにする。

2. 人工死産率が高い社会的背景

　北九州市の人工死産率が高い理由を探る上で、まずどのような年齢層で人工死産が起きているのかを捉え、その上で全国と比較することでその特徴が浮き上がるのではないかという作業仮説を立てた。検証方法としては、北九州市と全国の同一年度の母体保護統計から、人工死産総数の中で、各年齢層の数が占める割合を比較することとした。その結果、図1-13 のように、北九州市においては 25 歳未満の年齢層の占める割合が多く、若年層で多く起きていることが分かった。若年層における人工死産率が高いということは、公式統計上の理由としては「妊娠の継続又は分娩が身体的又は経済的理由により母体の健康を著しく害するおそれのあるもの」とされているものの、それ以外にも経済的問題や非行問題など、複雑な社会問題が存在しているのではないかと推測をせ

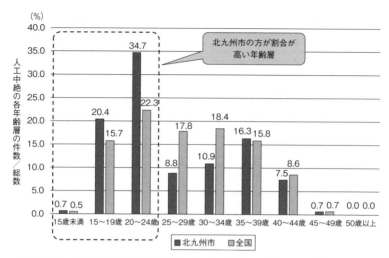

図 1-13 年齢別に見た人工死産の占める割合の全国と北九州市の比較

（出典）厚生労働省「平成 27 年度　衛生行政報告例」、北九州市「平成 27 年度　母体保護統計」より作成。

ずにはいられない。

　次に、大都市比較統計年表のデータの中から、人口動態や生活に関する統計データ間で相関関係を分析したところ、離婚率と世帯主の勤労収入の 2 項目と人口死産率の間に有意な相関関係があることがわかった（表 1-2）。以下、この 2 項目に焦点化して、人工死産率の背景について掘り下げていくことにする。

　図 1-14 のように横軸に離婚率をとり、縦軸に人工死産率をとると、離婚率と人工死産率が相関関係にあることがよく分かる。その中で北九州市は人工死産率が高く、離婚率も高い地域であると言える。

　一般的に離婚率の高さは、若年層であれば経済的に脆弱になる傾向が強い母子世帯となって、次の生活課題を抱えることへとつながっていく。また、高年齢層においては、独居高齢者世帯の増加をもたらし、家族機能の脆弱な世帯を増やすことへとつながっていく。離婚率の高さはそのような問題としてとらえられることが多いが、図 1-13 が示したように離婚率が高い地域では人工死産率も上昇しており、その背景には「妊娠の継続又は分娩が身体的又は経済的

表 1-2　人口死産率と有意に相関関係のある項目

		離婚率（人口千人比）	世帯主の勤め先収入（勤労者世帯1世帯当たり1か月間）	人工死産率（出産千人比）
離婚率 （人口千人比）	Pearson の相関係数	1	− 0.095	.501*
	有意確率（両側）		0.682	0.021
	度数	21	21	21
世帯主の勤め先収入 （勤労者世帯1世帯当 たり1か月間）	Pearson の相関係数	− 0.095	1	− .448*
	有意確率（両側）	0.682		0.042
	度数	21	21	21
人工死産率 （出産千人比）	Pearson の相関係数	.501*	− .448*	1
	有意確率（両側）	0.021	0.042	
	度数	21	21	21

（注）*. 相関係数は 5%水準で有意（両側）。

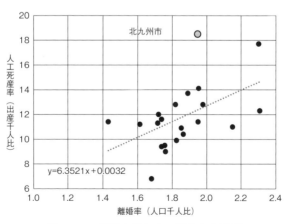

図 1-14　離婚率別と人工死産率の関係
（出典）大都市比較統計年表平成 27 年版より作成。

理由により母体の健康を著しく害するおそれのあるもの」のうち、特に経済的
理由による影響が出ているのではないかと推察される。実際、先に述べたよう
に世帯主の勤労収入と人工死産率は相関していることからも、このような推察
は妥当であるかのように考えられる。

　図1-15は、横軸に世帯主の勤め先収入（勤労者世帯1世帯当たり1か月間）
をとり、縦軸に人工死産率をとったものである。全体としては、世帯主の収
入が増加すると、人工死産率が減少する相関関係にある。北九州市に注目する
と、世帯主の収入は下から第3位の低さであり、人工死産率は第1位の高さと
なっている。つまり、経済的基盤の脆弱性が人工死産に影響を与えているので
はないかと考えられる。子どもを安心して産み育てられるような環境として、
経済的基盤は重要な要素であると言えるだろう。

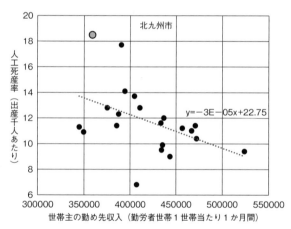

図1-15　世帯主勤労収入と人工死産率の関係
（出典）大都市比較統計年表平成27年版より作成。

V.　今後の課題

　ここまで、大都市比較統計年表から主に人口動態とそれに関連する統計データを抜き出して、大都市間比較分析の中から北九州市における人口問題とその背景について見てきた。その結果、人口減少、高齢化、世帯の小規模化、出生率の低下、婚姻率の低下、人工死産率の高さとその背景について明らかとなった。

　今後の課題について、高齢化の進む北九州市において、政令指定都市という大都市機能と市民生活を維持する持続可能性の観点と、市民の福祉ニーズを満たす社会福祉の観点から考察を進めることにする。

　まず、高齢化率の高まりは要介護高齢者を代表とするような、生活に不安を抱えたり、医療・介護ニーズを抱えた高齢者が増えることを意味する。今後の北九州市では、現状の高齢化と世帯の小規模化が進むと、これらのニーズがさらに増大化すると考えられる。

　一方で、高齢化への対策としては、次世代を産み育て、人口を確保することが重要である。しかし、北九州では婚姻率、出生率が低く、現状のままでは人口確保は困難な状況にある。周辺地域や他の大都市部から人口流入を期待する取り組みもあるが、一方でそれは小さくなるパイを奪い合っているだけなのではないか。むしろ、自己再生産型の人口確保が必要であり、そのためには出生率の上昇、もっと言うならば、本論では扱わなかったが合計特殊出生率の上昇（1.8 ～ 2.0）が重要である [9]。

　出生率の上昇のためには、婚姻率の上昇、そして生活の経済的基盤の強化が必要である。婚姻率については、昨今の「街コン」などの民間の取り組みへの期待もあるが、量と質の両面で優良な雇用が確保されることも重要であろう。この雇用の確保には、単に収入が高いという側面だけではなく、就労環境や業務内容そのものの魅力なども重要である。このような雇用が北九州市に確保されれば、人口の自然増加比率の上昇だけにとどまることなく、市外への転出を抑え、市内への転入を促すことで社会増加比率の上昇も期待できる。結果

的にそれは、この北九州市という大都市を維持するために必要な人口規模を維持することへとつながっていくと考えることができる[10]。

Ⅵ. おわりに

　本論では、大都市比較統計年表を用いた地域間の比較分析を通して、北九州市における人口問題とその背景の分析、そして今後の課題について考察を行った。今回は統計データの中から人口問題に焦点化して分析を進めてきたが、人工死産率の問題のように、このような比較分析は、他にも福祉に関わる問題点を示すことが可能である。生活保護、子どもの貧困などのような福祉ニーズに関する分析は次章にて述べる。

第2章

大都市比較統計年表の比較統計分析から見た
北九州市の子どもの社会的排除

I. はじめに

　第1章の冒頭で述べたように、近年の北九州市における地域福祉ニーズ、あるいは地域生活課題 [11] に関する統計的アプローチによる課題分析については、充分に取り組まれているとは言い難かった。このような状況を踏まえて、第1章では公式統計「大都市比較統計年表」を用いて、北九州市における地域課題として人口問題について論じた。本論はその続編的位置づけとして、北九州市における地域生活課題について、市民生活の現状、福祉ニーズ全般、教育福祉ニーズ、といった領域の大都市統計データを比較分析することによって、特徴と課題点について明らかにすることを目的とする。

　分析及び作図に使用するデータは、特に断りが無い限りは大都市統計協議会編（2018）『大都市比較統計年表　平成28年』大都市統計協議会（担当神戸市）、及び同統計のエクセルデータのダウンロード元として横浜市「横浜市統計統計ポータルサイト」 [12] を使用した。

II. 市民生活と生活保護率

1. 市民生活と収入

　まずは市民生活から見ていくことにする。市民生活の基盤は収入によって成り立っている点から、まずは2016年度の勤労者世帯1世帯当たりの1か月

間の実収入に着目すると、北九州市は503,257円となっており、政令指定都市及び東京都区部を含めた大都市間では第15位である（図2-1）。順位的には低めではあるが、中位グループという位置づけが妥当である（表2-1）。したがって、決して勤労者世帯の収入が低いという訳ではないと言える。

　北九州市の特徴としては、消費者物価地域差指数で見た場合、物価が最も低い地域であるという点を挙げることができる。図2-2は横軸に勤労者世帯1世帯当たりの実収入をとり、縦軸に消費者物価地域差指数（全国平均＝100）ととって各大都市のデータをプロットしたものである。北九州は収入面では中位にあるが、物価が安いことが分かる。

　この物価地域差指数のデータを用いて、勤労者世帯の実収入の補正を以下の数式1に基づいて行うと、北九州市は14,497円上がって517,754円、順位は3ランクアップの12位となる。大都市間で比較して考えると、北九州市の市民生活についてその経済的状況としては悪くなく、中位程度の状況にあると言える。

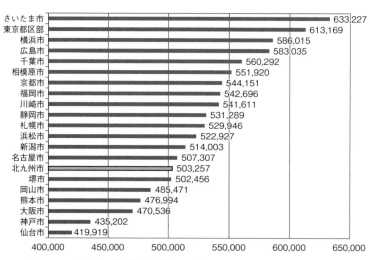

図2-1　実収入（勤労者世帯1世帯当たり1か月間、単位：円）

表 2-1 勤労者世帯実収入の概要

(単位：円)

全 体		北九州市（15 位）	
度数	21	値	503,257
平均値	526,449	平均値との差	− 23,192
中央値	529,946	中央値との差	− 26,689
最小値	419,919	最小値との差	83,338
最大値	633,227	最大値との差	− 129,970

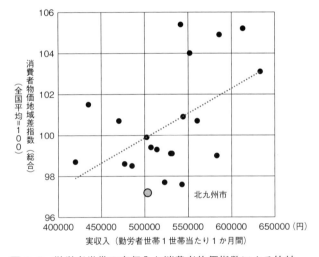

図 2-2 勤労者世帯の実収入と消費者物価指数による比較

数式 1 物価指数による実収入の補正

$$517{,}754\,円（物価補正後の実収入）=\frac{503{,}257\,円（北九州市の実収入）}{97.2（北九州市の消費者物価指数）}\times100$$

2. 実収入と保護率

　北九州市の勤労世帯において、実収入として低い訳ではないことが分かったが、それでは貧困状況としてはどうであろうか。勤労者世帯の実収入が高い

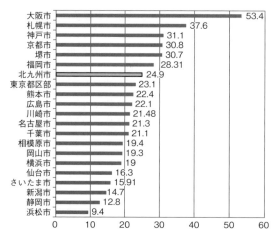

図 2-3 生活保護被保護実人員（人口千人当たり）

ほど経済状況は良くなり、保護率は低下するのではないかと考えられる。これ
を確認するには、大都市比較統計年表にあるデータでは生活保護被保護実人員
（人口千人当たり、以下、保護率）が参考となる。図 2-3 は保護率が高い大都
市から並べたものであるが、北九州市は 24.9 人で第 7 位である。

　これを基にして実収入と保護率の回帰分析を行ったところ、有意確率 0.272
と有意性は認められなかった（数式 2）。

数式 2 　勤労者世帯実収入と保護率の回帰式

$$y = -0.251x + 47.457$$

　両者の関連性は乏しいが、この 2 変数から北九州市の市民生活と特徴を探る
ことを目的に、階層クラスター分析を行うこととした。方法としては、実収入
と保護率の単位が大きく異なることを踏まえて、両方のデータの単位をそろえ
るために、データを 0 から 1 の間に収める正規化を行った[13]。正規化したデー
タを基に、SPSS を用いて階層クラスター分析（Ward 法、ユークリッド平方
距離）によって 4 クラスターに分類をした（図 2-4）。その結果、北九州市は

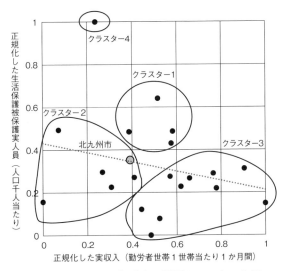

図 2-4　実収入と保護率の階層クラスター分析

表 2-2　各クラスターの平均値

Ward Method	正規化した実収入 （勤労者世帯 1 世帯当たり 1 か月間）	正規化した生活保護被保護実人員 （人口千人当たり）
1	0.52	0.51
2	0.24	0.3
3	0.67	0.19
4	0.24	1
合　計	0.5	0.32

クラスター 2 となった。

　各クラスターの特徴をつかむため、正規化した実収入と正規化した保護率の各クラスタの平均値を求めたのが表 2-2 である。これによると、クラスター 2 は実収入が低めのグループであり、保護率も低めのグループである。ただし、図 2-2 にあるように北九州市は回帰直線上に位置しており、大都市間では勤労者の実収入の程度からすると妥当な保護率であるとも言える。したがって、北九州市の市民生活は平均的な状況にあると言える。

III. 子どもの社会的排除

　北九州市における子どもの貧困や社会的排除については、すでに坂本 (2016) 等において臨床レベルでの現状と課題について述べてきた。ここでは、大都市比較統計年表に含まれている統計データから、子どもの置かれている現状について、特に社会的排除に焦点化して北九州市の特徴を捉えてみたい。

　図 2-5 は、中学校卒業生の中で、高校進学、専門学校進学、就職といった進路が決まっていない者（統計データ上は「左記以外の者」）を「進路未定者」と定義し、卒業生に占める割合を「進路未定率（‰）」を算出して各大都市を並べたものである。北九州市は 11.4‰と第 1 位の高さである。図 2-6 のように、高校進学率との二次平面上にプロットすると、高校進学率が低く、進路未定率が高いことがわかる。

　北九州市が公開している「北九州市長期時系列統計（教育、文化）」の「中

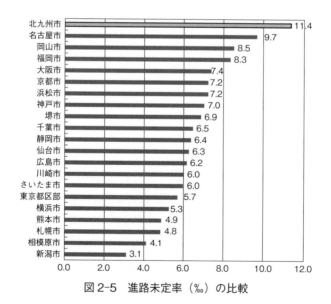

図 2-5　進路未定率（‰）の比較

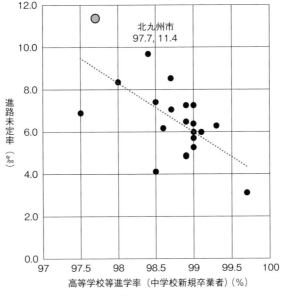

図 2-6　高校進学率と進路未定率の分布

学校卒業後の状況」[14] の統計データを基に、進路未定率を振り返ってみる。
進路状況の統計が現状と同じように専門学校への進学も加えるようになった
1975（昭和 50）年度から 2016（平成 28）年度までのデータを基に、グラフ
を作成した。その結果が図 2-7 である。最小値 8.4‰（1982 年度）、最大値は
22.1‰（2003 年度）、中央値は 12.4‰（1984 年度）、そして平均値は 13.5‰で
あった。これらの進路未定者というのは、長期欠席や不登校から十分に義務教
育を受けることができないまま、自宅などにおいて引きこもり状態になった
り、あるいは SNEP（無業者）と呼ばれるような社会的孤立状態に陥る予備軍
であるとも考えられる。内閣府による 2016 年の引きこもり調査を参考にして
みると、全国の 15 歳から 39 歳までの引きこもり者のいる確率は 1.56%と言わ
れており、進路未定率と単位をそろえると 15.6‰ということになる。これを引
きこもりの定義による年齢区分の長さの 25 年間での平均値と進路未定率を比
較してみると、直近 25 年間の平均値は 15.1‰と、全国の引きこもり率と非常
に近い値を示している[15]。

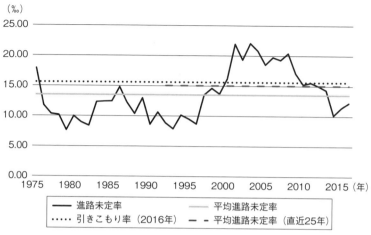

図2-7 北九州市における進路未定率の推移（1975年度〜2016年度）

　進路未定率の背景にあるものを探ることを目的に、教育や市民生活に関連のありそうな項目間で相関関係を分析してみたが、進路未定率と有意に相関のある項目は図2-6にすでに示した「高校進学率」のみであった（表2-3参照）。ただし、これについては、中学校卒業後に就職する者が減少する中で、高校進学率と進路未定率はトレードオフ関係にあると言えるため、この相関関係についてはこのような分析結果が出ると考えられる。

　一方で、この高校進学率に関連性のある項目としては離婚率があり、−0.640の負の相関関係があることが分かった。この両者の関係を図示化したのが図2-8である。北九州市は離婚率が高めで、高校進学率が低いことが分かる。離婚率が高くなることによって高校進学率が下がる背景としては、離婚率と0.848の正の相関関係がある生活保護費保護実人員（人口千人当たり）との関係で示されるように、離婚に伴う世帯の経済的困窮化があると考えられる（図2-9）。

　他の地方都市の事例であるが、第4章（日向市クロス集計結果）において分析を行った結果では両親世帯に対して単親世帯の収入は大幅に低く、さらに年収によって高校進学の可能性に違いがあることが分かっている。図2-10に示

表 2-3　進路未定率（‰）との関係のある項目

		進路未定率(‰)	高等学校等進学率（中学校新規卒業者）（%）	生活保護被保護実人員（人口千人当たり）
進路未定率（‰）	Pearson の相関係数	1	−.640**	.167
	有意確率（両側）		.002	.469
	度数	21	21	21
離婚率（‰）	Pearson の相関係数	.292	−.616**	.848**
	有意確率（両側）	.199	.003	.000
	度数	21	21	21

*. 相関係数は 5%水準で有意（両側）です。**. 相関係数は 1%水準で有意（両側）です。

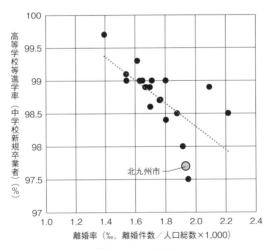

図 2-8　離婚率と高校進学率の分布

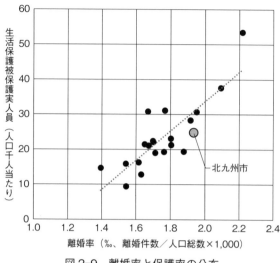

図2-9 離婚率と保護率の分布

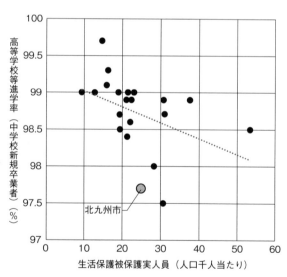

図2-10 保護率と高校進学率の分布

したように保護率が高くなると、高校進学率が低くなる傾向が見られ、北九州市は保護率が中位から高めに位置しており、高校進学率は下から2番目に低い。

　これらの現象をつなぎ合わせて考えると、離婚によって（その一部は生活保護を受給するなど）経済状況が不安定となり、それに伴って高校進学が困難になっていると考えられる。また、坂本（2016）においても紹介しているが、支援の臨床レベルで見られることとして、「夫から妻へ暴力 → 離婚 → 母、後遺症から精神疾患 → 子ども不登校」といったようなケースもあることを考慮すると、子どもたちを取り巻く家族（世帯）の経済的側面も含めた生活状況も視野に入れて、進路未定率や高校進学率といった数値を見る必要があるだろう。

IV. おわりに

　本論では、大都市比較統計年表に収められている統計データの項目とその内容に限定して、各種統計データを基に大都市間の比較を行うことを通して、北九州市における地域生活課題の特徴を浮かび上がらせることを行ってきた。その結果、①市民生活については物価も安く、経済的基盤としては大都市間では平均的な地域、②人口千人当たりの身体障害者手帳所持者数が最も多い、③高齢化率は大都市間では最も高く、要介護認定率も高めであるが、平均介護度は低めで、介護保険給付やサービス面では大都市間では平均的な地域、④病院における入院患者が多く、生活習慣病及び学生新生物による死亡率は大都市間で基も高い、⑤中学卒業時の進路未定率が最も高く、子どもの社会的排除が起きている、といった北九州市における地域生活課題とそれに伴う福祉ニーズを明らかにした。

　本研究はあくまで大都市比較統計年表という公式統計の範囲内で、どのようなことがどこまで明らかにすることができるのかということにこだわった。そのため、臨床現場において感じられている「現場感覚」とは異なる点もあったのではないかと考えている。しかし、メゾ、マクロ的に視野を広げて、北九州市において、今後どのような課題に取り組むべきであるのかということを指し示すことは、できたのではないだろうか。

第 **3** 章

日向市における実態調査の二次分析から見える
子育て世帯の社会的排除

I. 調査の概要

　本章で扱うデータは、日向市が「子ども未来応援推進計画」を策定するための基礎資料のために実施した「子どもと家庭の生活・ニーズに関する調査」である。先述のように筆者らは日向市の「応援会議」の委員に学識経験者として就任し、本調査の調査票の作成から分析に関わった。その関係から、日向市の担当者から提供を受けたものを、本章ではさらに統計的に二次分析を深めることにする[16]。なお、一次分析は「子ども未来応援推進計画」及び伊達（2017）において分析が行われている。

　「子どもと家庭の生活・ニーズに関する調査」の調査対象は、市内の小学校3年生及び中学校3年生の保護者、及び市内4か所の保育所の年長組の保護者である。調査方法としては保育所、小・中学校で調査票を配布し、回答票の回収をしてもらった。なお、兄弟・姉妹によって対象が重なった場合は、長子の財学校に回答表を提出してもらうこととした。回答数は1,079件であり、回収率は88.2%であった。調査期間は2016（平成28）年11月14日（月）から同年12月2日（金）までで行われた。

　回収された回答票は、子ども未来応援会議事務局によってデータ入力され、子ども未来応援会議においてその単純集計結果が報告され、「子ども未来応援推進計画」に反映された。

II. 回答者・世帯の概要

　まずは、回答者・世帯の状況について表3-1をもとに概要を押さえてから、子どもを取り巻く現状について分析を進めていくこととする。回答者の子どもの学齢から見ていくと、保育園児については一部の保育園児のみが対象であったこと、また兄弟・姉妹が上にいる場合は調査対象外であることから、回答者の中で占める割合が少なくなっている。

表 3-1　回答者の属性概要

項　目		度数	％
子どもの学齢 N = 1079	保育園児	46	4.3%
	小学3年生	542	50.2%
	中学3年生	491	45.5%
世帯類型 N = 1074	父母同居	846	78.8%
	父母の片方が別居	14	1.3%
	父母別居	6	0.6%
	母子家庭	186	17.3%
	父子家庭	18	1.7%
	その他	4	0.4%
世帯人数 N = 1071	2人	34	3.2%
	3人	125	11.6%
	4人	388	36.1%
	5人	305	28.4%
	8人	139	12.9%
	7人	50	4.7%
	8人以上	30	2.8%
兄弟・姉妹人数 N = 1071	1人	128	11.9%
	2人	479	44.6%
	3人	337	31.4%
	4人	92	6.6%
	5人	30	2.8%
	6人	2	0.2%
	7人以上	3	0.3%

　回答者の世帯類型は、父母同居の世帯が79%と最も多い。一方で母子家庭の世帯が17%、父子家庭の世帯が2%と、約19%の世帯がひとり親世帯であった。

　回答者の世帯人数は、4人が最も多く36.2%（388世帯）、次いで5人が28.5%（305世帯）となっており、4〜5人の世帯で半分を占める。親子のみの2人世帯も3.2%（34世帯）ある一方で、8人以上の世帯も2.8%（30世帯）と似たような分布となっている

　子どもの兄弟・姉妹の人数では、2人が44.7%（479世帯）と最も多く、次いで3人が31.5%（337世帯）となっている。一方で兄弟・姉妹がいない一人っ子は12.0%（128世帯）であった。

　保護者の雇用形態（表3-2）について、父親と母親に分けてみると、父親は民間企業の正社員が最も多く64.4%（558世帯）、次いで自営業・家業が16.7%（145世帯）、公務員・団体の正職員が11.8%（102世帯）と続いている。それに対して母親はパートアルバイト・日雇いが35.0%（364世帯）と最も多く、次いで民間企業の正社員が24.0%（250世帯）となっている。各雇用形態の割合を父親と母親で比べ、割合が大きい方を捉えると、父親は正社員・正職員の割合が高く、母親は契約社員・派遣社員等、パートアルバイト・日雇い等のよ

表3-2　保護者（父親・母親）の雇用形態

雇用形態	父親		母親	
	度数	%	度数	%
民間企業の正社員	558	64.4	250	24.0
公務員・団体の正職員	102	11.8	56	5.4
契約社員・派遣社員・嘱託社員・臨時職員	37	4.3	129	12.4
パートアルバイト・日雇い	8	0.9	364	35.0
自営業・家業	145	16.7	98	9.4
内職	2	0.2	7	0.7
その他の職	9	1.0	10	1.0
仕事をしていない	5	0.6	126	12.1
合　計	866	100.0	1040	100.0

うな非正規雇用、あるいは仕事をしていないという割合が高かった。世帯類型別に見た雇用形態については、後述する。

III. 分析結果

1. 世帯収入と家計状況

　世帯年収の分布（図3-1）は、最も多いのは400〜500万円未満で18.6%（190世帯）であり、その次は300〜400万円未満で18.3%（187世帯）であった。一方で、100〜150万円未満の世帯（6%、62世帯）において、もう一つのピークが見られるような形で分布している。このような世帯年収において2つの山が見られるような分布をする背景には後述する両親がそろっている世帯と、母子世帯での収入の分布の違いが存在するためである。

　さて、世帯年収の分布を踏まえて、次に家計状況について見てみる。通常の家計状況について「ぎりぎりである」という回答が51.0%（513世帯）と最も多い。「赤字であり貯金を切り崩している」と「赤字である借金をして生活している」を合計した家計が赤字であるという回答は、29.4%（296世帯）と

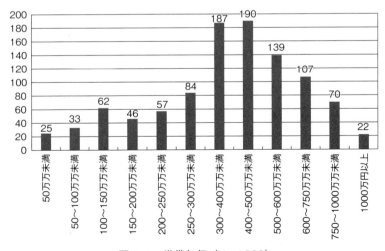

図3-1　世帯年収（N=1022）

表 3-3 世帯年収別に見た通常の家計の状況 (N=1005)

世帯収入		通常の家計の状況					合計
		赤字であり借金をして生活している	赤字であり貯金を切り崩している	ぎりぎりである	黒字である	黒字であり毎月貯蓄をしている	
50 万円未満	度数	8	2	12	2	1	25
	%	32.0%	8.0%	48.0%	8.0%	4.0%	100.0%
50 ～ 100 万円未満	度数	12	4	16	0	0	32
	%	37.5%	12.5%	50.0%	0.0%	0.0%	100.0%
100 ～ 150 万円未満	度数	16	10	33	3	0	62
	%	25.8%	16.1%	53.2%	4.8%	0.0%	100.0%
150 ～ 200 万円未満	度数	7	11	25	2	1	46
	%	15.2%	23.9%	54.3%	4.3%	2.2%	100.0%
200 ～ 250 万円未満	度数	24	9	21	1	1	56
	%	42.9%	16.1%	37.5%	1.8%	1.8%	100.0%
250 ～ 300 万円未満	度数	18	12	47	3	3	83
	%	21.7%	14.5%	56.6%	3.6%	3.6%	100.0%
300 ～ 400 万円未満	度数	28	35	99	12	9	183
	%	15.3%	19.1%	54.1%	6.6%	4.9%	100.0%
400 ～ 500 万円未満	度数	19	35	105	13	15	187
	%	10.2%	18.7%	56.1%	7.0%	8.0%	100.0%
500 ～ 600 万円未満	度数	12	8	82	11	23	136
	%	8.8%	5.9%	60.3%	8.1%	16.9%	100.0%
600 ～ 750 万円未満	度数	11	9	50	13	22	105
	%	10.5%	8.6%	47.6%	12.4%	21.0%	100.0%
750 ～ 1000 万円未満	度数	1	4	19	11	33	68
	%	1.5%	5.9%	27.9%	16.2%	48.5%	100.0%
1000 万円以上	度数	0	1	4	3	14	22
	%	0.0%	4.5%	18.2%	13.6%	63.6%	100.0%
合 計	度数	156	140	513	74	122	1005
	%	15.5%	13.9%	51.0%	7.4%	12.1%	100.0%

Pearson のカイ 2 乗検定　P ＝ 0.000 ＜ 0.05

表 3-4　世帯年収別に見たインフルエンザワクチン接種（N＝1020）

世帯収入		インフルエンザワクチン毎年接種の有無			合計
		受けている	毎年は受けていない	受けたことがない	
50 万円未満	度数	2	16	7	25
	％	8.0%	64.0%	28.0%	100.0%
50 〜 100 万円未満	度数	4	17	12	33
	％	12.1%	51.5%	36.4%	100.0%
100 〜 150 万円未満	度数	12	27	23	62
	％	19.4%	43.5%	37.1%	100.0%
150 〜 200 万円未満	度数	10	24	10	44
	％	22.7%	54.5%	22.7%	100.0%
200 〜 250 万円未満	度数	5	31	21	57
	％	8.8%	54.4%	36.8%	100.0%
250 〜 300 万円未満	度数	15	49	20	84
	％	17.9%	58.3%	23.8%	100.0%
300 〜 400 万円未満	度数	48	98	41	187
	％	25.7%	52.4%	21.9%	100.0%
400 〜 500 万円未満	度数	52	103	35	190
	％	27.4%	54.2%	18.4%	100.0%
500 〜 600 万円未満	度数	41	69	29	139
	％	29.5%	49.6%	20.9%	100.0%
600 〜 750 万円未満	度数	35	52	20	107
	％	32.7%	48.6%	18.7%	100.0%
750 〜 1000 万円未満	度数	34	27	9	70
	％	48.6%	38.6%	12.9%	100.0%
1000 万円以上	度数	6	11	5	22
	％	27.3%	50.0%	22.7%	100.0%
合　計	度数	264	524	232	1020
	％	25.9%	51.4%	22.7%	100.0%

Pearson のカイ 2 乗検定　P＝0.000＜0.05

約3割の世帯において赤字であると回答している。一方で「黒字である」と「黒字であり毎月貯蓄をしている」という回答は19.5%（196世帯）となっており、赤字の世帯を下回っている現状にある。

　世帯の年収別に、通常の家計の状況をクロス集計した結果、有意に差が見られた。世帯年収が低いと家計が赤字であるという回答の割合が高まり、逆に世帯年収が高くなると家計が黒字であるという回答の割合が高くなった。

2. 世帯収入とインフルエンザワクチン接種

　このように、世帯年収によって家計に余裕があるか・無いかというのは、多様な生活場面において影響が出てくる。表3-4で示したように年収が高いとインフルエンザワクチンを毎年接種している割合が高くなるが、年収が低いと接種を「毎年は受けていない」や「受けたことない」といった割合が高くなる。ワクチン接種によってインフルエンザの予防や軽症化が可能であることを前提とすると、健康面においても収入による格差が存在しているということが分かる。

3. 世帯収入と子どもの朝食の頻度

　健康面となると、栄養学的には朝食は重要であると言われている。しかし、その朝食の頻度を世帯年収別にみると、ここにも収入による格差が有意にみられた。表3-5のように年収50万から300万円未満の世帯においては、「ときどき食べる」「ほとんど食べない」「全く食べない」という回答の割合が全体よりも高くなるのに対し、年収300万円以上の世帯では「毎日食べる」という回答の割合が高くなる。特に年収300万円を境目として、概ね10ポイント前後の差が開いていることが分かった。

4. 世帯収入と子どもに受けさせたい高等教育

　世帯収入と子どもに受けさせたい高等教育に対する保護者の考えについてクロス集計を行ったところ、世帯収入と高等教育に対する保護者の考えには有意な差があることが分かった（Pearsonのカイ2乗検定　P=0.000＜0.05）。高

表 3-5　世帯年収別に見た朝食の頻度（N=1021）

世帯収入		朝食の頻度				合計
		毎日食べる	ときどき食べる	ほとんど食べない	全く食べない	
50 万円未満	度数	24	1	0	0	25
	%	96.00%	4.00%	0.00%	0.00%	100.0%
50 ～ 100 万円未満	度数	30	2	1	0	33
	%	90.90%	6.10%	3.00%	0.00%	100.0%
100 ～ 150 万円未満	度数	51	5	4	2	62
	%	82.30%	8.10%	6.50%	3.20%	100.0%
150 ～ 200 万円未満	度数	39	4	3	0	46
	%	84.80%	8.70%	6.50%	0.00%	100.0%
200 ～ 250 万円未満	度数	50	5	2	0	57
	%	87.70%	8.80%	3.50%	0.00	100.0%
250 ～ 300 万円未満	度数	70	8	4	2	84
	%	83.30%	9.50%	4.80%	2.40%	100.0%
300 ～ 400 万円未満	度数	178	9	0	0	187
	%	95.20%	4.80%	0.00%	0.00%	100.0%
400 ～ 500 万円未満	度数	179	7	3	0	189
	%	94.70%	3.70%	1.60%	0.00%	100.0%
500 ～ 600 万円未満	度数	128	7	4	0	139
	%	92.10%	5.00%	2.90%	0.00%	100.0%
600 ～ 750 万円未満	度数	104	1	2	0	107
	%	97.20%	0.90%	1.90%	0.00%	100.0%
750 ～ 1000 万円未満	度数	65	4	1	0	70
	%	92.90%	5.70%	1.40%	0.00%	100.0%
1000 万円以上	度数	21	1	0	0	22
	%	95.50%	4.50%	0.00%	0.00%	100.0%
合　計	度数	939	54	24	4	1021
	%	92.00%	5.30%	2.40%	0.40%	100.0%

Pearson のカイ 2 乗検定　P ＝ 0.000 ＜ 0.05

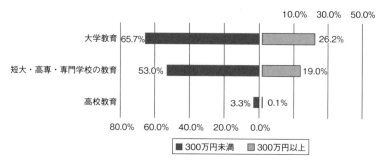

図 3-2　高等教育を受けさせるのが経済的にむずかしい割合

校教育、短大・高専・専門学校の教育、そして大学教育について、それぞれを
受けさせるのが経済的に難しいという回答に着目してみると、300万円を境界
として回答に差が見られた。これを基に、300万円未満と300万円以上の世帯
の2グループに分けて、各高等教育に対して受けさせるのが経済的に難しい割
合を示したのが図3-2である。高校教育においては、経済的に難しいという割
合に大きな差は見られないが、短大等の教育や大学教育については、2倍以上
の開きがあった。世帯収入が低いと子どもの高等教育を受ける権利を阻害する
ことが明らかとなった。

5.　母子世帯の現状

　次に、世帯類型によってどのような違いがあるのかを、特に母子世帯へ焦
点化して見ていくことにする。

　父母が同居している世帯（父母同居世帯）と母子世帯にわけて、世帯収入の
分布を分けて示したのが図3-3である。この図のように父母同居世帯では400
万円前後にピークが来るのに対して、母子世帯では100〜150万円未満あた
りにピークが来る。つまり、母子世帯の方が低所得であることが分かる。

　母子世帯において世帯年収が低い背景には、その母親の就労状況に規定さ
れるところが大きい。表3-6のように父母同居世帯と母子世帯に分けて、母親
の就労状況について見てみると、母子世帯の母親は正規雇用から非正規雇用ま
で幅広く就労する傾向が見られるが、父母同居世帯の母親はパートアルバイト

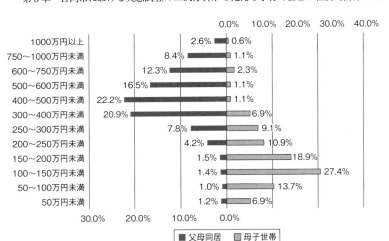

図 3-3　父母同居と母子世帯の世帯収入の分布

表 3-6　世帯類型別に見た母親の就労状況

世帯類型 母親の就労状況	父母同居		母子世帯	
	度数	%	度数	%
民間企業の正社員	192	22.9%	55	30.1%
公務員・団体の正職員	48	5.7%	8	4.4%
契約社員・派遣社員・嘱託社員・臨時職員	91	10.9%	37	20.2%
パート・アルバイト・日雇い	291	34.7%	62	33.9%
自営業・家業	91	10.9%	6	3.3%
内職	6	0.7%	1	0.5%
その他の職	6	0.7%	3	1.6%
仕事をしていない	113	13.5%	11	6.0%
合計	838	100.0%	183	100.0%

等の非正規雇用の比率が高く（34.7%、291 世帯）、そして仕事をしていないいわゆる「専業主婦」の割合が高い（13.5%、113 世帯）。父母同居世帯では共働きも見られるが、母親の就労は家計補助的就労であると言える。それに対して母子世帯では正規雇用から非正規雇用まで幅広く就労形態でありながら、主たる所得獲得のために就労している母親の姿が浮き上がってくる。

　母子世帯においては、母親は就労を通して生活費を得ることに時間を割かざるを得なくなる。結果的に家の中のこと、つまり家事や育児関する部分の時間を削らざるを得なくなる。表3-7のように世帯類型別に子どもの朝食の頻度について見てみると、父母同居世帯では毎日食べるが93.5%（790世帯）であるのに対して、母子世帯では86.0%（160世帯）と低い割合になっている。逆にときどき食べる、ほとんど食べない、全く食べないの3つについては、いずれも母子世帯の方が多い。

表 3-7　世帯類型別に見た子どもの朝食の頻度

世帯類型		朝食の頻度				合計
		毎日食べる	ときどき食べる	ほとんど食べない	全く食べない	
父母同居	度数	790	39	15	1	845
	%	93.50%	4.60%	1.80%	0.10%	100.00%
母子世帯	度数	160	13	10	3	186
	%	86.00%	7.00%	5.40%	1.60%	100.00%
父子世帯	度数	18	0	0	0	18
	%	100.00%	0.00%	0.00%	0.00%	100.00%
合計	度数	968	52	25	4	1049
	%	92.30%	5.00%	2.40%	0.40%	100.00%

　Pearsonのカイ2乗検定　　P=0.002＜0.05

　この背景には、表3-8に示したように母子世帯では子どもの起床時間が遅い傾向が見られること、そして表3-9に示したように母子世帯では（父子世帯も同様に）保護者が子どもに料理を作る頻度も少なくなる。他にも父母同居世帯よりも母子世帯の母親は1週間あたりの就労日数が多い、母子世帯の母親は平日の朝8時まで出勤する割合が多く、平日の帰宅時間が遅い。さらには、母子世帯の母親の方が深夜労働、土・日・祝日に出勤している割合が多いといった特徴が見られた。

　これらを総合的に勘案すると、母子世帯における母親の生活における余裕の無さと、その結果として子どもへの養育機能の低下がもたらされることが分

表 3-8　世帯類型別に見た子どもの平日の起床時間

世帯類型		子どもの平日の起床時間					合計
		6 時前	6 時台	7 時台	8 時台	9 時台以降	
父母同居	度数	48	753	41	1	1	844
	%	5.70%	89.20%	4.90%	0.10%	0.10%	100.00%
母子世帯	度数	11	161	11	1	2	186
	%	5.90%	86.60%	5.90%	0.50%	1.10%	100.00%
父子世帯	度数	3	14	0	0	1	18
	%	16.70%	77.80%	0.00%	0.00%	5.60%	100.00%
合計	度数	62	928	52	2	4	1048
	%	5.90%	88.50%	5.00%	0.20%	0.40%	100.00%

Pearson のカイ 2 乗検定　P=0.003＜0.05

表 3-9　世帯類型別に見た保護者が子どもの料理を作る頻度

世帯類型		保護者が子どもの料理を作る頻度				合計
		ほぼ毎日	週に3～4日	月に数回（休日など）	ほとんどつくらない	
父母同居	度数	753	30	32	30	845
	%	89.10%	3.60%	3.80%	3.60%	100.00%
母子世帯	度数	137	30	13	6	186
	%	73.70%	16.10%	7.00%	3.20%	100.00%
父子世帯	度数	13	3	2	0	18
	%	72.20%	16.70%	11.10%	0.00%	100.00%
合計	度数	903	63	47	36	1049
	%	86.10%	6.00%	4.50%	3.40%	100.00%

Pearson のカイ 2 乗検定　P=0.000＜0.05

かる。しかし、このような結果に対して母子世帯の母親を責めることは全くの誤りであろう。むしろ、自らの努力で生計を立てようとしている姿があり、その結果として非正規の不安定でかつ不規則な労働条件であっても就労をしているのだ。

　しかし、このような母子世帯の母親としての合理的判断が、子どもの可能

性を高めたり、子どもとの共通した時間を持つことで育まれる子への愛情といった養育機能を維持するという点から考えると、必ずしも合理的な判断であるとは言えない現状がある。志賀・畠中（2016）で指摘した「心の貧困」は、このような母子世帯が担わされる社会構造の中で作り上げられていくのである。

IV. 地方都市におけるインクルーシブな地域づくりの課題

　本章は、日向市における子育て世帯に対する調査の二次分析結果から、一つの地方都市である日向市では、子どもを取り巻く社会状況はどのようになっており、その背景には何があるのかを見てきた。そこから見えてきたものは、世帯のあり方が子どもの学習や育ちに影響を与える構造であった。現在、日向市では調査結果を基礎資料として「日向市子ども未来応援推進計画」を策定し、全市を挙げてインクルーシブな地域づくりに取り組んでいる。

　日向市での取り組みに注目すると、全市職員を対象とした研修の実施、子育て世帯向けに支援メニューを紹介したパンフレットの作成と配布、支援関係団体の連携を目指した会議運営、そして市民向けに「子ども未来応援プロジェクト地域説明会」を 2018 年 2 月 15 日から 23 日まで、計 6 回開催するなど、積極的に取り組んでいる。この計画策定以降に開始された取り組みは、今後の市民と行政の緊張関係に基づく協同的取り組みのためにも不可欠なものである。

　今後の課題点としては、このようなインクルーシブな地域づくりが、市民の積極的な参加の基に継続的な活動へと発展することができるのか、さらにこうした取り組みが一地域だけに特殊な取り組みに終始するのではなく、社会に普遍化していくことができるのかということであろう。例えば、人口が小規模で、公共交通でも宮崎市や大分市からも離れている地理的環境もある中で、地域づくりを積極的に担うのは誰なのかという問題に直面せざるを得ない。この問題への対応については、当面は積極的な行政の介入や先導が必須であろう。

　また、一地域だけのモデル的な取り組みが、はたして一般化・普遍化可能な

ものであるのかについても改めて検討していく必要がある。都市部の先進的な連携や支援の事例をもって、それがただちに地方都市においても採用可能なものであると考えることはできないのと同様である。さらにいえば、社会的排除状態にある子どもや家族に対して、市民が自助努力・自己責任論を振りかざしたりすることがないように、理解を求める継続的な働きかけも不可欠である。

第**4**章

子育て世帯が生活困窮・福祉ニーズを抱えやすい
所得の境界線

I. は じ め に

　本章では、前章に引き続き日向市の調査データを用いて分析を進めていくことにする。前章では単純集計及びクロス集計を二次分析として行い、課題を明らかにしてきた。所得階層別に生活困窮や福祉ニーズに関連する質問項目をクロス集計した結果、多くの質問項目において有意差が認められ、所得階層が低いほど生活困窮や福祉ニーズを抱える割合が高くなる傾向があることが分かった。このような分析結果を踏まえて、本章では改めて分析を行い、子育て世帯が抱える生活困窮・福祉ニーズに所得階層性が認められると同時にその境界線を浮き上がらせることを試みる。

II. 社会階層を形成する一つとしての所得階層

1. 社会政策学による社会階層

　社会政策学や社会学、経済学の領域においても幾度となく実証されてきたことであるが、本章では所得階層に着目して、子育て世帯において所得の違い（所得階層）によってどのような社会階層が形成されているのかを分析する。まずはこの社会階層の概念を整理し、所得階層と生活困窮・福祉ニーズとの関連についての仮説を提起した上で、第2節以降の実証的分析への橋渡しとしていくこととする。

　まず社会階層とは杉村（2007）によれば、「社会構造や機能には、資源の配分の不平等による社会集団が形成されるが、これを階層ないしは社会階層という」と定義している。その上で、「労働の質（精神的労働か肉体的労働か）、職種（専門職、事務職、営業職等）、就業上の地位（管理職か非管理職か）、就労の規則性（生産雇用か期限付き雇用か、フルタイムかパートタイムか）などに規定された所得や社会保障水準と、それに基づく消費生活様式、子弟に対する教育機会の提供の仕方、生活文化等の同質的集団が社会階層である」としている。この社会階層には「所得水準とそれに基づく消費生活の安定性によって序列化されている」とされ、「社会階層を単純化して示せば、高位の階層に高所得安定層があり、それに次いで一般階層、低所得不安定層、貧困層に区分できる」としている。そして「現代の社会生活の水準やあり方は、基本的には市場経済を通じてニーズを充足するための所得水準に規定されているから、社会階層はますます所得階層性を帯びたものとなる」と指摘している（杉村　2007：870）。

　次に武川（2011）は社会学の立場から「人間の社会は、所得と富の不平等によって階層・階級が形成される」が、「階層・階級を形成するのは、所得や富などの経済的不平等に限られるわけではない」。「社会学では『職業』（職業威信尺度で測定される）や『学歴』『政治権力』なども、これまで社会階層の重要な構成要素と扱われて」きており、「今日では、社会階層を考える場合には、伝統的な『経済社会的地位』（職業、所得、学歴など）に加えて、『文化資本』や『健康』なども重要な分析変数とみなされるようになっている」と指摘している（武川　2011：323）。

2.　社会福祉学による社会階層と生活問題

　社会福祉学理論においても、生活困窮や福祉ニーズにおける階層性については指摘されている。社会福祉の対象課題を社会問題としての生活問題として捉える三塚によれば、「生活問題は、基本的に、一定の規模と構成をもって営まれているくらしの単位としての世帯が、今日の社会でどの階層に位置づけられているかによって現れ方や内容が異なっています」としている（三塚

1997：92）。その上で、「生活問題・健康問題を科学的・実証的に解明するためには、平均値だけ見るのではなく、階層性を重視することが必要であり不可欠な作業と考えられます」と指摘している（三塚　1997：94）。

　また三塚の影響を受けた林・安井（2006）によれば、「一定以上の収入がある仕事に就いているかどうか、職種や就業上の地位、事業所の規模、雇用形態などの相違によって所得や労働条件などに格差が見られる」ので、「生活問題の内容に相対的な違い（階層性）をもたらしていることに注目しておかねばならない」としている（林・安井　2006：25）。

3．教育と社会階層

　世帯の所得と教育という関係性では、アメリカでの教育経済学の研究成果をまとめた中室（2015）による示唆が挙げられる。これによると「教育生産関数」[17] のアウトプットを学力とすると、インプットは家庭の資源と学校の資源の2つに分けられるとしており、この家庭の資源は親の所得や学歴、家族構成、塾や習い事への支出、家庭学習の習慣が含まれるとしている（中室2015：33）。そして「『どういう学校へ行っているか』と同じくらい、『どういう親のもとに生まれ、育てられたか』ということが学力に与える影響は大きい」とし、その上で「学力テストの県別順位は、単に子どもの家庭の資源の県別順位を表しているにすぎない可能性もある」と指摘している（中室　2015：119）。

　以上、簡単ではあるがいくつかの先行研究による指摘を紹介してきた。これらからは、社会階層を形成する基本に所得といった経済的側面による違いがあること、この社会階層の違いによって生活の困窮や福祉ニーズ、そして子どもの学力面においても違いが起きるということが言える。次の節では、この社会階層を所得階層（世帯収入）として変数を設定し、それによって子育て世帯の生活困窮や福祉ニーズにどのような影響を与えるのかを、前章で分析したデータを用いて、生活困窮・福祉ニーズにおける所得階層性について確認をしていくことにする。

III.　クロス集計結果から見る所得階層性

1.　家計の状況

　経済的理由による不払い経験の有無について、世帯年収別に見てみると表4-1と表4-2のような結果となった。「250〜350万円未満」より下の世帯年収においては、経済的理由による不払い経験の割合は平均よりも高い。それに対して、不払いの経験について「⑮　あてはまるものはない」という質問に対して、「300〜400万円未満」より高い世帯年収では平均よりも高い割合を示した。

　家計による消費は世帯収入によってある程度規定されることを踏まえると、表4-1、表4-2に示されたことはある意味、「当たり前のことが再確認された」程度のことかもしれない。しかし、家計の状況において所得階層性が見られることが、ここに示されたと言える。

2.　世帯年収と子どもに受けさせたい教育

　次に、保護者が子どもに受けさせたい教育について、世帯年収別にクロス集計した結果について見ていく。表4-3のように、高校教育については「250〜300万円未満」の世帯年収において「経済的にむずかしい」という回答の割合が平均よりも高い結果となった。

　短大・高等専門学校・専門学校の教育については表4-4のように、「250〜300万円未満」の世帯年収において「経済的にむずかしい」という回答の割合が平均よりも高い結果となった。

　最後に大学教育については、表4-5のように「300〜400万円未満」よりしたの世帯年収において「経済的にむずかしい」という回答の割合が平均よりも高い結果となった。

　以上の結果から、保護者が子どもに受けさせたい教育についても、所得階層性が見られることがわかった。

表 4-1 世帯年収別に見た経済的理由による不払い経験①

世帯収入		経済的理由による不払い						
		①学校・保育園・幼稚園の遠足や修学旅行の参加費	②学校の課外活動（部活動）への参加費・交通費	③学校の給食費や保育料	④学校の教材費	⑤PTA会費	⑥家賃	⑦住宅ローンや自動車ローンなど負債
50万円未満	度数	2	2	7	6	4	4	2
	割合（%）	8.3%	8.3%	29.2%	25.0%	16.7%	16.7%	8.3%
50～100万円未満	度数	5	3	7	8	3	6	1
	割合（%）	16.7%	10.0%	23.3%	26.7%	10.0%	20.0%	3.3%
100～150万円未満	度数	0	2	10	6	1	6	9
	割合（%）	0.0%	3.4%	16.9%	10.2%	1.7%	10.2%	15.3%
150～200万円未満	度数	2	0	7	1	2	5	3
	割合（%）	4.7%	0.0%	16.3%	2.3%	4.7%	11.6%	7.0%
200～250万円未満	度数	0	2	8	3	1	8	4
	割合（%）	0.0%	3.6%	14.5%	5.5%	1.8%	14.5%	7.3%
250～300万円未満	度数	5	3	10	6	6	5	3
	割合（%）	6.3%	3.8%	12.7%	7.6%	7.6%	6.3%	3.8%
300～400万円未満	度数	5	5	9	4	4	8	4
	割合（%）	2.9%	2.9%	5.3%	2.3%	2.3%	4.7%	2.3%
400～500万円未満	度数	1	2	12	6	0	5	6
	割合（%）	0.6%	1.1%	6.6%	3.3%	0.0%	2.8%	3.3%
500～600万円未満	度数	1	1	4	1	1	3	7
	割合（%）	0.8%	0.8%	3.1%	0.8%	0.8%	2.3%	5.4%
600～750万円未満	度数	1	1	2	1	0	1	3
	割合（%）	1.0%	1.0%	1.9%	1.0%	0.0%	1.0%	2.9%
750～1000万円未満	度数	0	0	0	1	0	0	0
	割合（%）	0.0%	0.0%	0.0%	1.6%	0.0%	0.0%	0.0%
1000万円以上	度数	0	0	0	0	0	0	0
	割合（%）	0.0%	0.0%	0.0%	0.0%	0.0%	0.0%	0.0%
合　計	度数	22	21	76	43	22	51	42
	割合（%）	2.3%	2.2%	7.9%	4.5%	2.3%	5.3%	4.4%

表4-2　世帯年収別に見た経済的理由による不払い経験②

世帯収入		経済的理由による不払い							
		⑧電気代	⑨ガス代	⑩水道代	⑪電話代（携帯電話含む）	⑫医療費	⑬年金保険料や健康保険料、介護保険料	⑭税金	⑮あてはまるものはない
50万円未満	度数	7	3	4	2	0	0	2	11
	割合（%）	29.2%	12.5%	16.7%	8.3%	0.0%	0.0%	8.3%	45.8%
50～100万円未満	度数	5	5	4	9	1	9	6	7
	割合（%）	16.7%	16.7%	13.3%	30.0%	3.3%	30.0%	20.0%	23.3%
100～150万円未満	度数	3	6	7	8	2	12	5	29
	割合（%）	5.1%	10.2%	11.9%	13.6%	3.4%	20.3%	8.5%	49.2%
150～200万円未満	度数	6	2	4	5	0	6	11	24
	割合（%）	14.0%	4.7%	9.3%	11.6%	0.0%	14.0%	25.6%	55.8%
200～250万円未満	度数	4	9	7	2	3	8	6	35
	割合（%）	7.3%	16.4%	12.7%	3.6%	5.5%	14.5%	10.9%	63.6%
250～300万円未満	度数	6	4	4	5	2	18	11	45
	割合（%）	7.6%	5.1%	5.1%	6.3%	2.5%	22.8%	13.9%	57.0%
300～400万円未満	度数	5	5	2	8	3	15	14	136
	割合（%）	2.9%	2.9%	1.2%	4.7%	1.8%	8.8%	8.2%	79.5%
400～500万円未満	度数	2	3	2	4	2	12	20	149
	割合（%）	1.1%	1.7%	1.1%	2.2%	1.1%	6.6%	11.0%	82.3%
500～600万円未満	度数	2	5	5	6	3	10	17	107
	割合（%）	1.6%	3.9%	3.9%	4.7%	2.3%	7.8%	13.2%	82.9%
600～750万円未満	度数	1	1	2	2	1	3	6	92
	割合（%）	1.0%	1.0%	1.9%	1.9%	1.0%	2.9%	5.8%	89.3%
750～1000万円未満	度数	1	0	3	3	1	2	4	56
	割合（%）	1.6%	0.0%	4.9%	4.9%	1.6%	3.3%	6.6%	91.8%
1000万円以上	度数	0	1	1	1	1	0	0	21
	割合（%）	0.0%	4.8%	4.8%	4.8%	4.8%	0.0%	0.0%	100.0%
合　計	度数	42	44	45	55	19	95	102	712
	割合（%）	4.4%	4.6%	4.7%	5.8%	2.0%	9.9%	10.7%	74.5%

表4-3　世帯収入別に見た子どもの高校教育

世帯収入		高校教育			合計
		受けさせたい	経済的に可能だが必要とは思わない	経済的にむずかしい	
50万円未満	度数	21	1	3	25
	割合(%)	84.0%	4.0%	12.0%	100.0%
50〜100万円未満	度数	30	1	1	32
	割合(%)	93.8%	3.1%	3.1%	100.0%
100〜150万円未満	度数	61	0	1	62
	割合(%)	98.4%	0.0%	1.6%	100.0%
150〜200万円未満	度数	43	0	2	45
	割合(%)	95.6%	0.0%	4.4%	100.0%
200〜250万円未満	度数	56	0	1	57
	割合(%)	98.2%	0.0%	1.8%	100.0%
250〜300万円未満	度数	78	1	2	81
	割合(%)	96.3%	1.2%	2.5%	100.0%
300〜400万円未満	度数	182	0	1	183
	割合(%)	99.5%	0.0%	5%	100.0%
400〜500万円未満	度数	181	2	0	183
	割合(%)	98.9%	1.1%	0.0%	100.0%
500〜600万円未満	度数	136	1	0	137
	割合(%)	99.3%	7%	0.0%	100.0%
600〜750万円未満	度数	104	0	0	104
	割合(%)	100.0%	0.0%	0.0%	100.0%
750〜1000万円未満	度数	64	0	0	64
	割合(%)	100.0%	0.0%	0.0%	100.0%
1000万円以上	度数	21	0	0	21
	割合(%)	100.0%	0.0%	0.0%	100.0%
合　計	度数	977	6	11	994
	割合(%)	98.3%	6%	1.1%	100.0%

χ^2乗検定　P＝0.00＜0.05

表 4-4　世帯収入別に見た子どもの短大・高専・専門学校の教育

世帯収入		短大・高専・専門学校の教育			合計
		受けさせたい	経済的に可能だが必要とは思わない	経済的にむずかしい	
50 万円未満	度数	9	2	14	25
	割合（%）	36.0%	8.0%	56.0%	100.0%
50 ～ 100 万円未満	度数	12	1	19	32
	割合（%）	37.5%	3.1%	59.4%	100.0%
100 ～ 150 万円未満	度数	25	1	33	59
	割合（%）	42.4%	1.7%	55.9%	100.0%
150 ～ 200 万円未満	度数	15	3	27	45
	割合（%）	33.3%	6.7%	60.0%	100.0%
200 ～ 250 万円未満	度数	24	0	31	55
	割合（%）	43.6%	0.0%	56.4%	100.0%
250 ～ 300 万円未満	度数	42	7	35	84
	割合（%）	50.0%	8.3%	41.7%	100.0%
300 ～ 400 万円未満	度数	102	24	52	178
	割合（%）	57.3%	13.5%	29.2%	100.0%
400 ～ 500 万円未満	度数	122	18	41	181
	割合（%）	67.4%	9.9%	22.7%	100.0%
500 ～ 600 万円未満	度数	104	14	17	135
	割合（%）	77.0%	10.4%	12.6%	100.0%
600 ～ 750 万円未満	度数	76	11	15	102
	割合（%）	74.5%	10.8%	14.7%	100.0%
750 ～ 1000 万円未満	度数	47	10	4	61
	割合（%）	77.0%	16.4%	6.6%	100.0%
1000 万円以上	度数	17	4	0	21
	割合（%）	81.0%	19.0%	0.0%	100.0%
合　計	度数	595	95	288	978
	割合（%）	60.8%	9.7%	29.4%	100.0%

χ^2 乗検定　P = 0.00 < 0.05

表 4-5 世帯収入別に見た子どもの大学教育

世帯収入		大学教育			合計
		受けさせたい	経済的に可能だが必要とは思わない	経済的にむずかしい	
50万円未満	度数	3	3	19	25
	割合(%)	12.0%	12.0%	76.0%	100.0%
50～100万円未満	度数	8	2	20	30
	割合(%)	26.7%	6.7%	66.7%	100.0%
100～150万円未満	度数	17	3	42	62
	割合(%)	27.4%	4.8%	67.7%	100.0%
150～200万円未満	度数	8	4	32	44
	割合(%)	18.2%	9.1%	72.7%	100.0%
200～250万円未満	度数	15	2	39	56
	割合(%)	26.8%	3.6%	69.6%	100.0%
250～300万円未満	度数	29	8	43	80
	割合(%)	36.3%	10.0%	53.8%	100.0%
300～400万円未満	度数	91	16	77	184
	割合(%)	49.5%	8.7%	41.8%	100.0%
400～500万円未満	度数	103	27	56	186
	割合(%)	55.4%	14.5%	30.1%	100.0%
500～600万円未満	度数	94	15	26	135
	割合(%)	69.6%	11.1%	19.3%	100.0%
600～750万円未満	度数	74	12	20	106
	割合(%)	69.8%	11.3%	18.9%	100.0%
750～1000万円未満	度数	55	8	5	68
	割合(%)	80.9%	11.8%	7.4%	100.0%
1000万円以上	度数	21	1	0	22
	割合(%)	95.5%	4.5%	0.0%	100.0%
合 計	度数	518	101	379	998
	割合(%)	51.9%	10.1%	38.0%	100.0%

χ^2乗検定 P = 0.00 < 0.05

3.　所得の階層性

　前章からここまで、日向市が実施した「子どもと家庭の生活・ニーズに関する調査」のデータを基に、回答の傾向に所得階層性が見られることをいくつかの主なクロス集計結果から確認をした。全体を通して感じられるのは、世帯年収が「250 〜 300 万円未満」と「300 〜 400 万円未満」の間に境界があるのではないかという疑問（仮説）である。次節では、生活困窮・福祉ニーズを抱えやすい所得階層の境界について、世帯年収別に調査項目の該当率から明らかにするべく分析を進めていくことにする。

IV.　生活困窮・福祉ニーズを抱えやすい所得階層の境界

1.　世帯年収別に見た各質問とその回答の該当率の積算

　前節においてクロス集計結果から所得階層性について述べたが、本節では生活困窮・福祉ニーズを抱えやすい所得階層の境界について、統計分析を試みたい。

　最初に、調査項目の中から子どもの健康、生活、教育、家計状況などに関する質問とその質問に対する回答を 72 項目ピックアップし（表 4-7、表 4-8 を参照）、世帯年収別にその 72 項目に該当した割合を積算した[18]。その結果をグラフ化したものが表 4-6 である。72 項目を何層も重ね合わせているため、地層のように見えるが、グラフの上部を見てみると、「150 〜 200 万円未満」をピークとした左側の山の部分があり、「300 〜 400 万円未満」にくぼみができ、そこから「1000 万円以上」にかけて右下がりの線を描いている。前節において確認されたことを改めて別の形で表現したことになるのであろうが、やはりここでも世帯年収が「250 〜 300 万円未満」と「300 〜 400 万円未満」の間を境目として、大きく見て 2 つの所得階層による集団が形成されているように考えられる。

　そこで次のステップとして、72 項目の平均該当率を求め、階層クラスター分析も用いながら、所得階層性の境界線を浮き上がらせることを試みたい。

表4-6 所得階層別に見た各質問の該当率の積算

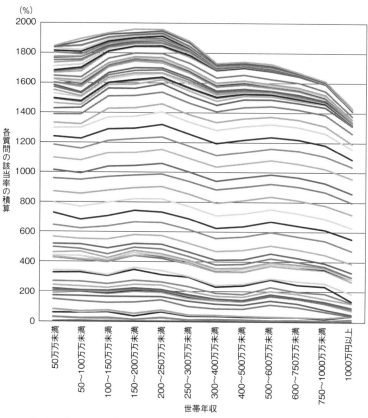

各質問の該当率の積算

世帯年収

$\left(\begin{array}{l}\text{グラフの線は、表4-7から表4-8の72項目の該当率を、所得階層別に示したもの。}\\\text{下から項目番号1、2……72と積み上げて示している。}\end{array}\right)$

2. 平均該当率の値とその正規化

72項目における該当率の平均Xを、各所得階層（n）別に以下の数式①によって求める。

$$X_n = \frac{\sum_{i=1}^{72} k}{72} \cdots\cdots 数式①$$

次に、求められた各所得階層（n）別の平均該当率（X_n）を、所得階層間において0から1の間でデータの正規化を行い、以下の数式②によって各所得階

表 4-7　該当率の積算に用いた質問と回答一覧①

	質問項目	回答
1	子どもの健康状態	悪い
2	10日以上の欠席の有無	休んだ
3	休んだ理由③本人が行きたがらなかった	はい
4	インフルエンザワクチン毎年接種の有無	受けたことがない
5	公費ワクチン接種の有無	受けたことがない
6	子どもの1日の歯磨き頻度	毎日は磨かない
7	むし歯の治療中か	いいえ
8	子どもの平日の就寝時間	22時台
9		23時台
10		24時台
11		25時以降
12	朝食の頻度	ほとんど食べない
13		全く食べない
14	子どもの普段の夕食の取り方	子どもたちだけで食べる
15		ひとりで食べる
16	1か月の読書冊数	読まなかった
17		1冊
18	（中学生のみ）不得意な教科⑤英語	はい
19	（中学生のみ）不得意な教科⑨技術・家庭	はい
20	（中学生のみ）希望する進路	県立高校（全日制）
21		特別支援学校
22		県立高校（定時制）
23		県立高校（通信制）
24		私立高校
25		高等専門学校または専修学校
26		まだ決めていない
27	頭がいたい、おなかがいたいなど、身体の不調をよくうったえる	あてはまる
28		まああてはまる
29	直近1か月の子どもの様子	①他人にあいさつができる。
30		②他人の気持ちをよく気づかう。
31		③頭がいたい、おなかがいたいなど、身体の不調をよくうったえる。
32		④他の子どもたちと、おやつやおもちゃなどをよく分け合う。（幼児、小学生）
33		⑤悪口を言われても、周囲の人に思いを話し、気分を取り直すことができる。（中学生）
34		⑥カッとなり、かんしゃくを起こしやすい。
35		⑦一人でいることを好み、一人遊びが多い。
36		⑧大人の言うことはだいたい素直に聞く。

表4-8 該当率の積算に用いた質問と回答一覧②

	質問項目	回答
37		⑨いつもそわそわしている。
38		⑩幼・小 学校の準備や家の手伝いが自らできる。
39		⑪（中学生のみ）宿題は自ら進んでできる。
40		⑫（中学生のみ）自分のベストを尽くそうとする。
41	直近1か月の子どもの様子	⑬（中学生のみ）分からないことは質問したり、アドバイスを求めることができる。
42		⑭（中学生のみ）将来よい結果となるよう、今欲しいものをあきらめたり、嫌なことでも実行することができる。
43		⑮（小・中学生のみ）将来について、あかるい希望（なりたい職業など）を言える。
44		①子どもの年齢にあった本
45		②子ども用のスポーツ用品
46		③ゲーム機などの子どものおもちゃ
47		④成長にあわせた子どもの衣服
48		⑤子どもの食費・おやつ
49		⑥子どもの自転車
50		⑦部活動の費用
51	経費や用具の不足	⑧習い事の費用
52		⑨子どもが自宅で宿題をできる場所・机
53		⑩保護者の衣服
54		⑪保護者の食費
55		⑫保護者の交際費
56		⑬家族での旅行費用
57		⑭今後の教育費用にむけた貯金
58		⑮その他
59		①学校・保育園・幼稚園の遠足や修学旅行の参加費
60		②学校の課外活動（部活動）への参加費・交通費
61		③学校の給食費や保育料
62		④学校の教材費
63		⑤PTA会費
64		⑥家賃
65	経済的理由による不払い経験	⑦住宅ローンや自動車ローンなどの負債
66		⑧電気代
67		⑨ガス代
68		⑩水道代
69		⑪電話代（携帯電話含む）
70		⑫医療費
71		⑬年金保険料や健康保険料、介護保険料
72		⑭税金

層（n）別の値（Y_n）を求めた。

$$Y_n = \frac{X_n - x_{min}}{x_{max} - x_{min}} \quad\cdots\cdots 数式①$$

　数式①及び数式②によって求められた所得階層別の平均該当率と、所得階層間で正規化された各質問項目の平均該当率をまとめたものが、表3-7である。最大値は「150 〜 200万円未満」であり、最小値は「1000万円以上」であった。平均該当率の平均値（X_n）は24.8%であり、正規化した該当率の平均値（Y_n）の平均値は0.666であった[19]。

3. 生活困窮・福祉ニーズを抱えやすい所得階層の境界線

　表4-9の Y_n 値をグラフ化したものが図4-1である。「年収250 〜 300万円未満」と「年収300 〜 400万円未満」の間で大きく該当率に差が見られる。数学的には図3-1と表現していることは変わらないが、平均値の0.666も一緒に描くことで所得階層によって各質問項目の該当率、つまり生活困窮状態や福祉ニーズを抱えている状態、そして社会的排除に該当する確率に違いがあるこ

表4-9　平均該当率と正規化した値

所得階層	平均該当率（X_n）	正規化（Y_n）
50万円未満	25.7%	0.789
50 〜 100万円未満	26.3%	0.881
100 〜 150万円未満	26.9%	0.952
150 〜 200万円未満	27.2%	1.000
200 〜 250万円未満	27.2%	0.998
250 〜 300万円未満	26.1%	0.852
300 〜 400万円未満	24.0%	0.569
400 〜 500万円未満	24.2%	0.589
500 〜 600万円未満	24.0%	0.560
600 〜 750万円未満	23.2%	0.454
750 〜 1000万円未満	22.4%	0.343
1000万円以上	19.9%	0.000
平均	24.8%	0.666

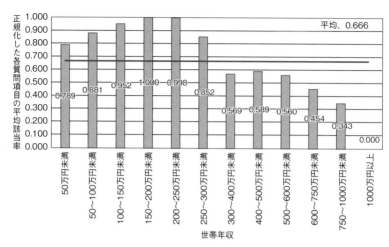

図4-1 所得階層別に見た各質問項目の平均該当率

表4-10 平均該当率による階層クラスター分析

世帯年収	平均該当率	階層クラスータ分析 （ward法ユークリッド平方距離）		
		4分類	3分類	2分類
50万円未満	25.7%	1	1	1
50～100万円未満	26.3%	1	1	1
100～150万円未満	26.9%	1	1	1
150～200万円未満	27.2%	1	1	1
200～250万円未満	27.2%	1	1	1
250～300万円未満	26.1%	1	1	1
300～400万円未満	24.0%	2	2	2
400～500万円未満	24.2%	2	2	2
500～600万円未満	24.0%	2	2	2
600～750万円未満	23.2%	3	2	2
750～1000万円未満	22.4%	3	2	2
1000万円以上	24.8%	4	3	2

とがより分かりやすくなった。

　さらに境界線をはっきりと浮き上がらせるために、表 4-10 の平均該当率（X_n）の値を用いて、階層クラスター分析（ward 法ユークリッド平方距離）を行った[20]。最小の 2 分類から 4 分類までの 3 パターンの分析を行ったが、いずれにもおいても、世帯年収が低い「50 万未満」から「250 ～ 300 万円未満」の間で 1 つのクラスタが形成された（表 4-10 参照）。世帯年収の高い階層をどう扱うかの違いだけであると言える。

　以上の結果から、「250 ～ 300 万円未満」と「300 ～ 400 万円未満」の間、つまり世帯年収「300 万円」に所得階層性の境界線があると言える。

V.　お わ り に

　本章では、子育て世帯に対する調査データを基に、生活困窮・福祉ニーズを抱えやすい所得階層性の境界線を浮き上がらせることを試みた。その結果、世帯年収では「300 万円」がその境界線であることが分かった。ただし、この結論は質問項目の選別上の課題や、世帯年収の分類が回答者の選択したものであり、社会手当などの給付を繰り入れたり、世帯構成人数による影響を除外するといった変数を設定するなどの分析上の課題が残っている。

　また、今回の分析結果は、あくまで日向市という小規模な地方都市での調査データであり、物価や生活する上での基礎的消費額が異なることを踏まえると、全国的に「300 万円が境界線」であるとは言い難い。しかし、生活困窮・福祉ニーズを抱えやすい所得階層性が存在しているということについては、充分に実証することができたのではないかと考えられる。

第 5 章

子育て世帯における社会的排除状態にある
生活水準と社会的排除率の推計

I. はじめに

　前章では、日向市の子育て世帯を対象とした生活実態調査のデータを基に、生活困窮・福祉ニーズを抱えやすい所得階層の境界線を浮き上がらせることを試み、改めて子育て世帯における階層性について実証的に明らかにした。本章では、同じ調査データを活用して、さらに分析を進めていくことにする。

　子どもの貧困を巡っては、日本では国民生活基礎調査を基に等価可処分所得の中央値を抽出し、その中央値の半分を貧困線として設定する相対的貧困率によって計算されている。本章では視点を変え、子育て世帯が社会的排除状態にあるとした場合、その生活水準はどのようなものであるのかを推定することを試みる。そして、その生活水準を基準として社会的排除状態にある子育て世帯はどれぐらいの割合で存在しているのか、つまり子育て世帯における社会的排除率を推計することにも取り組む。

　社会的排除とは多元的な概念であるため、具体的にどのような存在が社会的排除状態にあるのかを示すことは困難である。しかし、そこにある社会的排除を認識するための基準を作ろうとする試みであるという点で、本章の意義はあると考えている。

II.　貧困の基準を巡る課題

1.　第1次貧困線と第2次貧困線

　貧困の基準については、時代や社会状況によって異なる。しかし、それでも貧困とは何か、何をもって貧困というのかを判断するには、主観的ではない社会的な基準が必要である。本節では、社会的排除の状態像を把握することを目的に、まずは貧困の基準について整理した上で、貧困の基準を巡る課題を考えることにする。

　まず伝統的な貧困基準としては、ラウントリーによる第1次貧困線と第2次貧困線という基準が挙げられる。第1次貧困とは「その総収入が、単なる肉体的能率を保持するために必要な最低限度にも足らぬ家庭」、第2次貧困とは「その総収入が、（もしその一部分が他の支出 —— 有形無形を問わず —— に振り向けられぬ限り）単なる肉体的能率を保持するに足る家庭」とそれぞれ定義されている（Rowntree 1922（＝長沼 1960：97-98））。これらの定義によって貧困線の設定が行われた。

2.　生活保護基準

　次に、日本における多くの貧困研究において基準とされてきたと言えるのが生活保護基準である。生活保護における最低生活費は、以下の数式①によって求められる。2016（平成28）年度の基準であるが、表5-1は世帯類型別及び等級地別に見た生活扶助の基準額である。

最低生活費＝生活扶助＋住宅扶助＋教育扶助＋介護扶助＋医療扶助……数式①
　　　※上記の他、出産、葬祭等がある場合は、その基準額が加えられる。

3.　相対的貧困

　政府における子どもの貧困率が示される際に用いられているのが、相対的貧困率である。研究者によっては、相対的貧困を先の第2次貧困と表現する場

表 5-1　世帯類型別の生活扶助基準

(2016 年度、単位：円)

	3 人世帯 33 歳男・29 歳女・ 4 歳子	高齢単身世帯 68 歳女	高齢夫婦世帯 68 歳男・65 歳女	母子世帯 30 歳女・4 歳子・ 2 歳子
1 級地 -1	160,110	80,870	120,730	189,870
1 級地 -2	153,760	77,450	115,620	183,940
2 級地 -1	146,730	73,190	109,250	174,860
2 級地 -2	142,730	71,530	106,770	171,940
3 級地 -1	136,910	68,390	102,090	164,820
3 級地 -2	131,640	65,560	97,660	159,900

(注) 冬季加算（Ⅵ区×5/12）、児童養育加算及び母子加算を含む。
(出典)『平成 29 年度版　厚生労働白書』資料編 208 頁より転載。

合もある。相対的貧困率の求め方は、まず、①世帯の構成人数の影響を最小化するために、世帯の総収入を世帯の構成人数の平方根で割った等価可処分所得（図では「可処分所得」）を求め、それを②低い順に並べ、③全人数の半分を特定し、④真ん中の順位の人の所得（「所得中央値」）を算出し、⑤所得中央値の50％の「等価可処分所得」を「貧困線」として算出し、⑥「貧困線」を下回る者の人数を特定する、という手順でもって求められる。

　政府が定めた「子どもの貧困対策大綱」では子どもの貧困率を指標の一つとして公表することとなっており、この相対的貧困率によって求められている。2018 年度に公表された政府のデータによれば、子どもの貧困率は 13.9％であり、1 人親家庭の子どもの貧困率（子どもがいる現役世帯のうち大人が一人の貧困率）では 50.8％となっている[21]。

4.　相対的剥奪

　タウンゼントによって提起された相対的剥奪は、「人々が社会で通常手に入れることのできる栄養、衣服、住宅、居住設備、就労、環境面や地理的な条件についての物的な標準にこと欠いていたり、一般に経験されているか享受されている雇用、職業、教育、レクリエーション、家族での活動、社会活動や社

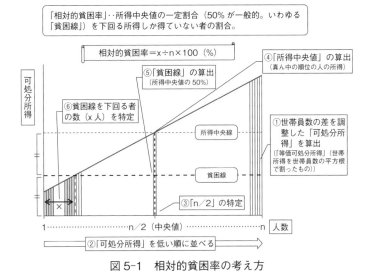

図 5-1　相対的貧困率の考え方

（出典）厚生労働省「国民生活基礎調査（貧困率）よくある質問」http://www. mhlw.
go.jp/toukei/list/dl/20-21a-01.pdf　2019 年 1 月 31 日閲覧

会関係に参加できない、ないしはアクセスできない」状態のことをいう（阿部
2006：252）。

　具体的にその指標や項目をどのように設定するのかというのは困難ではあ
るが、ここでは阿部（2006）および阿部（2008）の研究を紹介しておきたい。
表 5-2 は、阿部（2006）において、予備調査を通して市民の 60%が必要であ
るとした項目によって構成された相対的剥奪指標である。表 5-3 は、子育て世
帯に対する調査データから子どもに関する剥奪項目を設定したものである。

　いずれの項目も、望ましい状態像を標準的な生活として想定し、その物質
的及び社会的に剥奪された状態として理解しようとしている。特に志賀が指摘
しているように「最も重要なのは、『社会で当然と見なされている生活様式、
慣習、社会活動（ordinary living patterns, customs and activities）』から
『締め出されている（excluded）』という部分」であろう（志賀　2016：46）。

表 5-2　相対的剥奪指標に用いられた項目とその普及率

社会的必需項目（16項目）		普及率※	100%－普及率
設備	電子レンジ	98.4%	1.6%
	冷暖房機器 （エアコン、ストーブ、こたつ等）	99.1%	0.9%
	湯沸器（電気温水器等含む）	96.4%	3.6%
社会生活	親戚の冠婚葬祭への出席 （祝儀・交通費を含む）	97.2%	2.8%
	電話機（ファックス兼用含む）	97.9%	2.1%
	礼服	97.2%	2.8%
	1年に1回以上新しい下着を買う	92.2%	7.8%
保障	医者にかかる	98.2%	1.8%
	歯医者にかかる	97.2%	2.8%
	死亡・障害・病気などに備えるための保険 （生命保険、障害保険など）への加入	91.9%	8.1%
	老後に備えるための年金保険料	93.9%	6.1%
	毎日少しずつでも貯金ができること	75.0%	25.0%
住環境	家族専用のトイレ	98.8%	1.2%
	家族専用の炊事場（台所）	98.9%	1.1%
	家族専用の浴室	97.8%	2.2%
	寝室と食卓が別の部屋	95.0%	5.0%

※普及率＝欲しくない場合は分母から除く

（出典）阿部（2006）P.259 より転載

III. 社会的排除の基準

1. 社会的排除の定義

　ここまで貧困、相対的剥奪とその定義と内容について整理してきたが、ここでは社会的排除について整理しながら、社会的排除であると判断するための具体的な基準設定について検討を行っていきたい。

　福原によれば、社会的排除は状態とともに、そこに至る過程に着目した概

表5-3　子どもに関する剥奪項目（n=361）

	必要であるとした人の割合（%）*	12歳以下の子どもがいる世帯					
		持っている	持っていない（欲しくない）	持っていない（経済的に持てない）	無回答	剥奪率（%）	
						12歳以下の子どもがある世帯	うち、小学生がある世帯のみ
スポーツ用品・ゲーム機などの玩具	26	84.5	10.0	5.5	0.0	6	3
子ども部屋	33	62.0	13.0	24.4	0.0	28	18
ヘッドホンステレオ等	15	30.2	52.9	16.1	0.8	35	26
自転車・三輪車	45	87.3	8.3	4.4	0.0	5	3
本・絵本	67	97.8	0.8	1.4	0.0	1	1
毎月のお小遣い	46	30.2	52.6	14.7	2.5	33	26
毎年、新しい服・靴	28	87.5	4.7	7.5	0.3	8	8
お稽古ごと	22	53.2	24.7	19.9	2.2	27	20
塾	17	26.9	49.6	20.8	2.8	44	35
誕生日のお祝い	46	94.7	1.7	3.3	0.3	3	3
クリスマスのプレゼント	33	90.9	5.0	3.6	0.6	4	3
子どもの学校行事への親の参加	57	86.7	9.1	2.5	1.7	3	2
高校までの教育	72	93.4	0.6	2.5	3.6	3	3
短大・高専・専門学校までの教育		70.6	3.9	20.5	5.0	23	23
大学までの教育	34**	65.1	65.1	26.9	2.8	29	31

（出所）*平成15年「福祉に関する国民調査」、他は平成15年「社会生活調査」から阿部が作成
（注）**短大・大学までの教育
　　　剥奪率＝（経済的に持てない数）／（総数−欲しくない数−無回答数）
（出典）阿部（2008）31頁より転載

念であるとしている（福原　2007：15）。そして、表5-4のように、社会的な参加・つながりの欠如があり、関係の側面まで視野に入れていることが特徴である。その対象も個人や世帯だけではなく、コミュニティ、社会へと幅広く捉える。

　また岩田は「主要な社会関係から特定の人々を閉め出す構造から、現代の社会問題を説明し、これを阻止して『社会的包摂』を実現しようとする政策の

表 5-4　貧困・剥奪・社会的排除の比較

	貧困	剥奪	社会的排除
要因とその特徴	生存のための基礎的なニーズ	生存のための基礎的なニーズの欠如 標準的な生活のための物的資源の剥奪（物質的剥奪と社会的剥奪）	生存のための基礎的なニーズの欠如 標準的な生活のための物的資源の剥奪（物質的剥奪と社会的剥奪） 社会的な参加・つながりの欠如
	一次元の要因	多次元の要因	多次元の要因
	分配の側面	分配の側面	分配の側面 関係の側面
分析の観点	静態的	静態的	動態的
対象	個人、世帯	個人、世帯	個人、世帯 コミュニティ、社会

（出典）福原（2007）15 頁の表より転載

新しい言葉」が社会的排除であると定義している（岩田　2008：12）。その上で、「それが行われることが普通であるとか望ましいと考えられるような社会の諸活動への『参加』の欠如を、ストレートに表現したもの」であり、「貧困が、生活に必要なモノやサービスなどの『資源』の不足をその概念のコアとして把握するのに対して、社会的排除は『関係』の不足に着目して把握したものである」と強調している（岩田　2008：22-23）。

　さらに相対的剥奪との比較という点では、志賀は「ヨーロッパ社会において容認できない困窮とは、タウンゼントの貧困概念に基づくものではなくなっている」のであり、「EU による社会政策において理解されている社会的排除概念は、個人の権利の欠如・不十分性であり、市民社会の個人として自己自身の権利に基づいた選択ができない状態、すなわち個人の自己決定の阻害として考えられていると理解することができる」と指摘している（志賀　2016：79）。そして「消費生活の欠如（財の欠如）に注目する貧困理論は依然として重要なものであることには変わりないが、消費生活の欠如という視点のみで

は、容認できない生活状態として社会化している問題に含まれる貧困概念の
新たな広がりを捉えることが出来なくなってきている」としている（志賀
2016：129）。

　ここまでを踏まえて、本章では社会的排除を、財（お金）の欠如だけでな
く、家族機能や社会的支援等が必要な状態であるにもかかわらず欠如してお
り、自己実現や選択肢が制約され、望ましいとされる生活を送ることが困難な
状態と定義することにする。

2.　社会的排除の指標

　それでは、どのような項目や指標によって、社会的排除の状態にあると言
えるのであろうか。すでに紹介したように、把握のしやすい金銭的な欠如とい
う指標だけでなく、社会的排除においては非金銭的指標（非貨幣的ニーズ）が
必要である。

　表5-5は、EUROSTAT（欧州委員会統計局）による非金銭的指標である。
全15項目のうち、最初に金銭的困難が挙げられているが、基本的ニーズの中
身は質的な基準となっている。また住居の状況や耐久財[22]、健康、対人関係
と広くなっており、多元的な指標となっていることがわかる。

　地域における貧困層を捉える点では、愛知県新城市が行った「新城市子ども
の未来応援事業計画」のための調査の基準は大変参考になる。表5-6に示し
たように、相対的貧困線を引いて求められた相対的貧困域（生活貧困層）と、
その境界域として「急な出費で家計のやりくりができない経験」「債務が返済
できない経験」「ライフラインが止められた経験」「世帯の総収入が150万円未
満」「制度利用世帯（生活保護受給世帯）」のいずれか1つに該当する世帯を相
対的貧困境界域として定義している。この2つを合わせて生活貧困層とし、そ
の割合は16.8％になるとしている。この定義の方法は政府による子どもの貧困
による基準よりも広く範囲を定めており、より生活実態に近い基準であると言
え、この定義による要件（基準）に該当する状態を社会的排除状態であると考
えることは十分に合理的であると言える。

表 5-5 EUROSTAT（欧州委員会統計局）による非金銭的指標

金銭的困難	1. 日頃の生活で赤字にならないようにするのが非常に困難であるとする世帯に属する個人の割合 2. 家賃や公共料金の支払いが滞っている世帯に属する個人の割合
基本的ニーズ （ベーシック・ニーズ）	3. 1日おきに、肉・魚・鶏肉を購入することができない世帯に属する個人の割合 4. 新しい衣服を購入することのできない世帯に属する個人の割合 5. 1週間以上の旅行（休暇）を金銭的にすることができない世帯に属する個人の割合
住居の状況	6. 風呂またはシャワー施設がない住居に住む個人の割合 7. 湿気が多い（しめった）壁・床・土台の住居に住む個人の割合 8. 広さが十分でない住居に住む個人の割合
耐久財	9. 金銭的な理由によって車へのアクセスがない個人の割合 10. 金銭的な理由によって電話へのアクセスがない個人の割合 11. 金銭的な理由によってカラーテレビへのアクセスがない個人の割合
健康	12. 16歳以上の個人で健康が悪い・非常に悪いとするものの割合 13. 16歳以上の個人で、長期の健康問題によって日々の活動に支障があるものの割合
対人関係	14. 16歳以上の個人で、友人や親戚に1か月に1回以下しか会わないものの割合 15. 16歳以上の個人で、仕事または主な活動（主婦など）について不満足なものの割合

（資料）阿部（2002）77頁 表 5-4 を基に坂本が一部改編

表5-6　新城市による生活困窮層の定義

概念	要件	割合
相対的貧困域 （生活貧困層）	相対的貧困線　1,229,837円 ※所得中央値の50%	6.3%
相対的貧困境界域	以下の項目に1つ以上該当する世帯 ・急な出費で家計のやりくりができない経験 ・債務が返済できない経験 ・ライフラインが止められた経験 ・世帯の総収入が150万円未満 ・制度利用世帯（生活保護受給世帯）	10.5%
生活貧困層	上記の合計	16.8%

（資料）新城市 市民福祉部 子ども未来課（2017）11頁を基に坂本が作成。

IV. 社会的排除状態に陥りやすい子育て世帯の生活水準

1. 日向市の調査データから見る生活水準

　前節までで社会的排除を把握するための項目について検討を行ってきた。これらを踏まえて、前章でも分析に用いた日向市の「子どもと家庭の生活・ニーズに関する調査」のデータを用いて、社会的排除状態にある世帯の生活水準とはどのようなものなのかを明らかにしていく。

　作業としては、調査データの質問項目の中で、①子どもの健康状態、②子どもの普段の様子、③生活用品の購入や家庭での支出、④親子での習慣や地域とのつながり、⑤保護者の健康状態、⑥保護者の仕事・世帯の収入、以下6領域76項目を選んだ。この選んだ項目を、ここでは社会的排除項目と呼ぶこととする。次に、社会的排除項目の中で望ましくないと考えられる選択肢を回答した度数及び割合を求めた。

　次に、社会的排除状態にある子育て世帯の生活水準を推定するために、各項目に該当する世帯の等価世帯年収の平均値を求めた。各世帯の等価世帯収入は数式①によって求め、等価世帯収入の平均値については数式②によって求めた。以下、その結果を一覧表として示す。

表 5-7　社会的排除に関する調査項目とその該当率及び平均等価世帯収入
　　　　（n＝1041）

No.	質問内容	回答	割合	等価世帯収入平均値
問2	子どもの健康状態			
1	子どもの健康状態	悪い	0.1%	572,612
2	10日以上の欠席	休んだ	1.5%	1,803,258
3	インフルエンザワクチンの毎年接種	受けたことがない	22.7%	1,883,137
4	公費ワクチン（麻疹・風疹混合など）の接種の有無	受けたことがない	5.6%	1,630,664
5	子どもの歯磨きの頻度	毎日は磨かない	2.0%	1,391,801
6	子どもの虫歯の有無と治療状態	虫歯の治療をしていない	54.1%	2,020,572
問3	子どもの普段の様子			
1	起きる時間	8時台以降	0.7%	1,588,096
2	寝る時間	24時以降	7.0%	2,072,459
3	朝食の頻度と内容	ほとんど食べない＆全く食べない	2.7%	1,724,853
5	子どもの普段の夕食の取り方	子どもたちだけで食べる＆ひとりで食べる	5.5%	1,998,049
6	保護者が子どものために食事を作る頻度	月に数回・ほとんどつくらない	8.0%	1,994,393
7	平日の放課後に、子どもだけで1時間以上の留守番する頻度	週に3回以上	25.3%	2,230,209
8	気軽に相手の家に遊びに行ける友だちの人数	いない	8.1%	2,010,204
9	1日30分以上の運動や習い事の1週間の頻度	ほとんどない	14.5%	2,206,923
10	子どものコンピュータゲームの頻度	3時間以上	7.7%	1,880,340
11	1か月の読書量	読まなかった	22.8%	2,132,904
12	直近1か月の子どもの様子	身体の不調をよくうったえる	11.8%	1,905,536
問4	生活用品の購入や家庭での支出			
	①子どもの年齢にあった本		23.7%	1,947,284
	②子ども用のスポーツ用品		14.1%	1,828,653
	③ゲーム機などの子どものおもちゃ		3.5%	1,823,851

1	経費や用具で不十分なもの	④成長にあわせた子どもの衣服		16.0%	1,705,705
		⑤子どもの食費・おやつ		6.6%	1,684,862
		⑥子どもの自転車		10.9%	1,707,074
		⑦部活動の費用		9.3%	1,800,510
		⑧習い事の費用		26.1%	1,866,237
		⑨子どもが自宅で宿題をできる場所・机		5.6%	2,030,624
		⑩保護者の衣服		9.2%	1,825,194
		⑪保護者の食費		3.0%	2,060,727
		⑫保護者の交際費		3.9%	2,156,136
		⑬家族での旅行費用		31.1%	2,092,605
		⑭今後の教育費用にむけた貯金	該当	44.6%	2,125,869
3	経済的理由からの不払い経験	①学校・保育園・幼稚園の遠足や修学旅行の参加費		2.2%	1,312,966
		②学校の課外活動（部活動）への参加費・交通費		2.2%	1,421,580
		③学校の給食費や保育料		7.8%	1,339,156
		④学校の教材費		4.5%	1,207,212
		⑤PTA会費		2.3%	1,169,546
		⑥家賃		5.0%	1,340,994
		⑦住宅ローンや自動車ローンなど負債		4.0%	1,641,561
		⑧電気代		4.3%	1,315,716
		⑨ガス代		4.4%	1,508,907
		⑩水道代		4.6%	1,676,999
		⑪電話代（携帯電話含む）		5.6%	1,666,099
		⑫医療費		1.9%	2,056,588
		⑬年金保険料や健康保険料、介護保険料		9.2%	1,646,336
		⑭税金		9.8%	1,890,399
5	自宅の部屋数		1部屋・2部屋	6.4%	1,643,777

	子ども部屋の有無	ない	18.8%	1,821,911
6	通常の家計の状況	赤字である	29.7%	1,722,066
7	子どもに受けさせたい教育	高等学校	1.2%	1,008,100
		短大・高専・専門学校	29.5%	1,572,535
		大学教育	38.2%	1,611,635

※「経済的にむずかしい」欄は短大・高専・専門学校に記載

問5　親子での習慣や地域とのつながり

1	親子の関係性	①-(ア) お子さんと体を動かして遊ぶ	めったにない	42.0%	2,060,313
		①-(イ) お子さんとカードゲーム、ごっこ遊びをして遊ぶ（トランプ・ブロック・ボードゲーム・人形遊び等）		53.1%	2,153,295
		①-(ウ) お子さんとコンピュータゲームをして遊ぶ		72.1%	2,153,295
		①-(エ) お子さんの勉強をみる		22.1%	2,018,901
		①-(オ) お子さんと学校での話をする		1.5%	1,922,326
		①-(カ) お子さんに家事を手伝ってもらう		6.7%	1,892,302
		①-(キ) お子さんと一緒に外出する		2.4%	1,749,798
		②-(ア) からだ（尻・手・頭など）をたたく	よくある	2.7%	2,345,564
		②-(イ) 大声でしかる		16.0%	2,155,236
		②-(ウ) 子どもが嫌なことを繰り返し言う		2.4%	2,159,076
		②-(エ) なぐる		0.1%	2,870,000
		②-(オ) 屋外に締め出す		0.1%	4,405,000
		②-(カ) 無視する		0.3%	1,722,383

		②-(ク) 夜間、子どもだけ残して外出する		0.6%	1,489,423
		②-(ケ) 子どもの前で家族でけんかする		1.4%	2,122,558
2	困ったときに相談できる存在の有無	いない		5.8%	1,559,389
3	地域行事への参加状況	参加していない		11.4%	1,790,558
4	住んでいる地域への思い	関わりが少ない		4.4%	1,991,085
5	生活上の困難のために協力することへの意識	そう思わない		6.3%	2,055,480
問6　保護者の健康状態					
1	保護者の健康状態	①母	悪い＆どちらかと言えば悪い	10.7%	1,373,256
		②父		6.5%	1,829,208
6	医療機関へ受診しなかった経験	ある		25.1%	1,809,101
6	医療機関へ受診しなかった理由	経済的理由		29.0%	1,416,255
問7　保護者の仕事、家庭の収入					
5	社会手当、生活保護、年金等の受給	生活保護受給		0.7%	1,253,386
6	就学援助・就学奨励費を受けていない理由	制度や手続がよく分からない		20.8%	1,803,421

$$Ehi_n = \frac{Hi_n + Ss_n}{\sqrt{Hs_n}} \cdots\cdots①式$$

$$E(Ehi) = \frac{\sum_{k=1}^{n} Ehi_n}{n} \cdots\cdots②式$$

Ehi = Equivalent household income（等価世帯収入）

Hi = household income（就労等による世帯収入）

Ss = Social security benefits（社会保障給付）

Hs = Household size（世帯人数）

$E(Ehi)$ = Expected Value（Ehi）（等価世帯収入の平均値）

　次に、阿部（2006）を参考にして、社会的排除の頻度（深刻度）を図ることを目的に、各世帯が社会的排除項目に該当している数を求めた。その結果の

分布が図5-2である。平均値は9.1、中央値は9、最頻値は8、最大値は23、最小値は0であった。この結果を変数として、所得との関係について分析を進めてみる。

　図5-3は、等価世帯収入を横軸、社会的排除項目該当数を縦地にとって二次平面上にプロットしたものである。線形近似直線が示すように、等価世帯収入が上がると項目の該当数が減少することが分かる。

　さらにシンプルに図示化することを目的に、世帯の所得階層別に、同一階

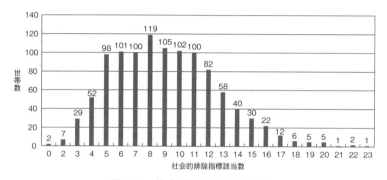

図5-2　社会的排除項目の該当数

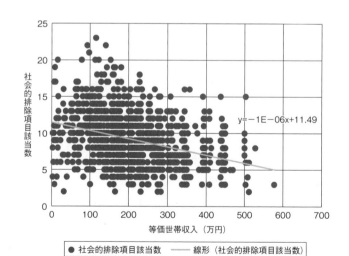

図5-3　等価世帯収入と社会的排除項目該当数の分布

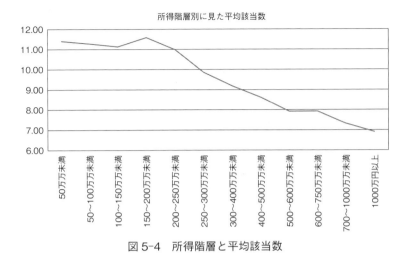

図 5-4　所得階層と平均該当数

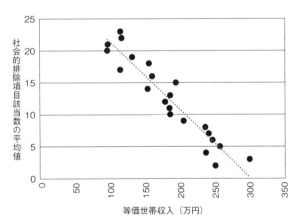

図 5-5　等価世帯収入と平均該当数

層間における平均項目該当数を求め、グラフにしたのが図5-4である。所得階層が上がると平均項目該当数が減少することが分かる。念のために等価世帯収入でも同様に項目該当数の平均値を求めて二次平面上にプロットしたグラフ（図5-5）も作成してみたところ、同じように所得の上昇とともに該当数の平均値は減少しており、社会的排除の頻度（深刻度）は軽くなっていくと言え

る。

2. ひとり親世帯における社会的排除項目該当数

　ひとり親世帯（単親世帯）は子どもの貧困率でも紹介したが、困窮度合いが高い傾向にある。今回用いた調査データにおいても、同様のことが見られた。

　図5-6は、両親がそろっている世帯（父母同居世帯）と、母子・父子家庭の世帯（単親世帯）別に、社会的排除項目の該当数の分布を求め、各世帯類型の中で占める割合を折れ線グラフにしたものである。ふたり親世帯はピークが左寄りにあるが、ひとり親世帯ではピークがふたり親世帯よりも右寄りにあることが分かる。

　ふたり親世帯とひとり親世帯の各平均該当率を比較したところ（表5-8の「合計」の項目）、有意に差が見られ（Mann-Whitney U 検定、p＜0.001）、ひとり親世帯の方が2.16項目多く該当した。さらに各調査項目の5領域（問2～問7）別に見ると、「問4　生活用品の購入や家庭での支出」「問5　親子での習慣や地域とのつながり」「問6　保護者の健康状態」の3領域において、ひとり親世帯の方が有意に平均該当率が高い結果となった。以上の結果から、母子世帯を中心としたひとり親世帯では、社会的排除への頻度と深刻度合いが

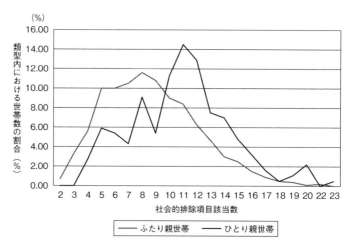

図5-6　世帯類型別に見た社会的排除項目該当の割合

表5-8　世帯類型別の平均該当率とt検定の結果

世帯類型		該当数						
		問2	問3	問4	問5	問6	問7	合計
母数	ふたり親世帯	846	846	846	846	846	846	846
	ひとり親世帯	204	204	204	204	204	204	204
欠損値	ふたり親世帯	0	0	0	0	0	0	0
	ひとり親世帯	0	0	0	0	0	0	0
平均値	ふたり親世帯	0.871	1.05	3.95	2.37	0.301	0.138	8.68
	ひとり親世帯	0.941	1.18	5.11	2.89	0.51	0.167	10.8
標準偏差	ふたり親世帯	0.729	0.962	1.87	1.67	0.604	0.345	3.45
	ひとり親世帯	0.747	1.21	1.87	1.7	0.766	0.374	3.61
最小値	ふたり親世帯	0	0	0	0	0	0	2
	ひとり親世帯	0	0	1	0	0	0	4
最大値	ふたり親世帯	3	5	9	8	4	1	22
	ひとり親世帯	3	7	9	8	3	1	23
Shapiro-Wilk W	ふたり親世帯	0.817	0.85	0.934	0.932	0.55	0.409	0.97
	ひとり親世帯	0.827	0.829	0.95	0.95	0.684	0.449	0.975
Shapiro-Wilk p	ふたり親世帯	<.001	<.001	<.001	<.001	<.001	<.001	<.001
	ひとり親世帯	<.001	<.001	<.001	<.001	<.001	<.001	<.001
Mann-Whitney U	統計	81696	83591	56544	70687	74378	83844	57022
	P値	0.197	0.464	<.001	<.001	<.001	0.3	<.001

（注）分析にあたっては Jamovi ver.2.0 を使用した。

高い傾向にあると言える。

3. 社会的排除状態にある子育て世帯の生活水準

　ここまでの結果を踏まえて、社会的排除状態にある子育て世帯とはどのような生活水準であるのかを検討していく。まず、表5-8の結果を基に、すべての社会的排除項目の該当延数とその延母数、及びすべての社会的排除項目の等価世帯収入の加重平均値を求めた。その結果が表5-9である。これによると、各項目の該当数の総計は 9,215、母数は 77,608 であり、平均該当率は 11.9% であった。さらに等価世帯収入の加重平均値は 191 万 9,880 円であった[23]。

　等価世帯収入の平均値を基準として、子育て世帯は必ず 2 人以上であると

表5-9 社会的排除項目の各値の平均値（n＝1041）

総該当数	総母数	割合	等価世帯収入平均値	度数
9,215	77,608	11.9%	1,919,880	9,142

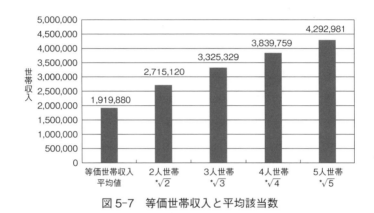

図5-7 等価世帯収入と平均該当数

し、2人世帯から5人世帯までの各ケースにおける世帯収入基準を求めた。その結果をグラフにしたのが図5-7である。例えば母1人、子1人の2人世帯（母子世帯）の場合、社会的排除状態にある生活水準は年収約270万円あたりを中心に広がっていると言える。

Ⅴ. 社会的排除率の推計方法の検討

1. いくつかのパターンによる社会的排除率の推計

ここまで、社会的排除状態にある子育て世帯における生活水準について推定を行ってきた。それでは、社会的排除状態にある子育て世帯は、どれぐらいの割合で存在しているのであろうか。便宜上、ここでは社会的排除率と呼ぶことにし、以下、いくつかのパターンによって推計を試みる。

まず、前節で推定した社会的排除状態にある世帯の生活水準としての等価世帯収入を基に、これよりも等価世帯収入が少ない世帯の割合を求める場合で

ある。この場合、表5-10に示したように基準値191万9,880円を下回る世帯は495世帯あり、その割り合いは47.6%である。ただし、この値については、基準値以下のすべての世帯が社会的排除状態にあるとするものであり、厳密性には欠ける。

次に、国の子どもの貧困率の計算方法と同様の、相対的貧困率によって割合を求める場合である。表5-11に示したように等価世帯収入の中央値は201万2,461円であり、相対的貧困線は100万6,231円となる。これを下回る世帯は124世帯

表5-10　等価世帯収入の平均値による推計

等価世帯収入	1,919,880
母数	1,041
水準以下の世帯数	495
割合	47.6%

表5-11　相対的貧困率による推計

中央値	2,012,461
貧困線	1,006,231
母数	1,041
貧困線以下の世帯数	124
割合	11.9%

あり、したがってその割合は11.9%となる。この場合、子育て世帯のみという母数の偏りが生じるが、同一条件の子育て世帯の中において「相対的に」貧困状態を把握するという点では問題無いと考えられる。なお、参考までに付記すると、相対的貧困に該当する世帯の社会的排除項目該当数の平均は10.85であり、それ以外の世帯よりも約2.0項目有意に高くなっており、相対的貧困率

表5-12　新城市による生活貧困層の定義を参考にした要件

概　念	要　件
相対的貧困域（生活貧困層）	相対的貧困線　1,006,231円 ※所得中央値の50%
相対的貧困境界域	以下の項目に1つ以上該当する世帯 ・住宅ローンや自動車ローンなどの負債が経済的理由から不払い ・電気代が経済的理由から不払い ・ガス代が経済的理由から不払い ・水道代が経済的理由から不払い ・世帯の総収入が150万円未満 ・制度利用世帯（生活保護受給世帯）

はそれなりに社会的排除状態にある
世帯を含むことができていると言え
る。

　最後は、新城市による生活貧困層
の定義に基づいて計算する方法であ
る。なお、日向市の調査と新城市の
調査ではすべてを同じ要件とするこ
とができなかったため、似たような
項目を選択し、表5-12のような要
件とした。

表5-13　新城市による生活貧困層の定
　　　　義を参考にした推計

母数	1041
生活保護受給世帯	5
要件該当世帯	246
相対的貧困境界域の世帯数	251
割合 （①）	24.1%
相対的貧困域（生活貧困層）（②）	11.9%
生活困窮層 （①＋②）	36.0%

　その結果、表5-13のように相対的貧困域（生活貧困層＝相対的貧困層）は
11.9%、相対的貧困境界域は251世帯で24.1%となり、合計した生活困窮層は
36.0%という数値となった。

2. 社会的排除項目の該当率による推計

　前節の「1」及び「2」において用いた社会的排除項目の該当率を基に、階
層クラスター分析（Ward法ユークリッド平方距離）を行うことで、社会的排
除率を推計することは妥当か検討をしてみたい。

　表5-14は、4分類と2分類の2パターンを基に、各クラスターの社会的解
除項目該当数の平均値を求めたものである。まず、平均値が最も高いクラス
ター1に該当する世帯は120世帯であり、11.5%となる。これは相対的貧困率

表5-14　社会的排除項目の該当数による階層クラスター分析による推計

社会的排除項目該当数

Ward Method	平均値	度数	標準偏差
1	15.78	120	2.019
2	11.28	330	1.054
3	8.01	313	.789
4	4.91	278	1.058
合計	9.11	1041	3.606

とほぼ同数であり、所得階層と比例する点からも当然の結果であると言える。2番目に平均値が高いクラスター2に該当する世帯は330世帯であり、31.7%となる。合計の平均値が9.11であることを踏まえると、クラスター1とクラスター2をあわせた450世帯、43.2%が社会的排除率ということになる。これは等価世帯収入による推計結果と近い数値であるが、生活上12項目以上[24]の何からの困難を抱えていることを踏まえると、子育て世帯の生活実態に近い数値ではないかと考えることもできる。ただし、等価世帯収入による推計と同様に、この推計結果については慎重になることが求められよう。

VI.　お わ り に

　本章では、社会的排除状態にある子育て世帯の生活水準とはどのようなものかをつかむべく、日向市の調査データを用いて、先行研究を参考にしながら推計を試みてきた。その結果は、基準の設定や計算方法によって大きくばらつきがあり、大きいと約3.5倍の開きが出てしまうというものであった。

　しかし改めて考え直すと、貧困の基準とは、自然界に存在する閾値ではなく、社会的に人間が設定する基準であるということであり、その基準の設定次第では貧困の実態把握は大きくかけ離れるということが確認されたと言えるのかもしれない。特に相対的貧困率は、あくまで相対的であり、例えば社会全体が困窮化した場合、逆に相対的貧困率は低下するという事態を引き起こす。

　一方で、社会的排除にこだわり、社会的排除率の推計を試みようとしたのは、物質的かつ社会的に必要が欠如し、かつ社会参加が欠如した状態により、本人の自由が制約され、自己実現が阻害されるという点においては絶対的な基準であると考えているからである。つまり、社会全体が困窮化したとしても、この点において社会的排除率は、絶対的基準により導き出すことが可能ではないかと仮説を持っている。

　本章では、いわば試算と推計結果の羅列ばかりであった。社会的排除状態にある生活水準を明らかにし、抽象的ではなく、社会的排除指標を構築することで具体的な事象として社会的排除を捉え、そして社会的排除率を導き出すこ

とが残された研究課題である

謝辞

　本章の内容は、筆者が日本社会福祉学会九州地域部会第59回研究大会（2018年6月10日@沖縄国際大学において行った研究発表「小規模地方Ａ市における子どもの社会的排除の発生する所得水準の推定と社会的排除率の推計」を基にしたものであり、発表の際は参加者から貴重な意見を頂戴することができた。この場を借りてお礼を申し上げる。

第 **6** 章

子どもの貧困対策としての保護者を含めた世帯全体への支援の重要性

I. は じ め に

　約100年前に、河上肇は名著『貧乏物語』において、「教育の効果をあげるためには、まず教わる者に腹一杯飯を食わしてかからねばならぬ。いくら教育を普及したからとて、まずパンを普及させなければだめである」と指摘している。それから100年が過ぎ、現代に生きる我々は、この河上肇の指摘を克服することができているのであろうか。残念ながら、子どもの貧困は、近年大きな社会的テーマとなっている。そのアプローチはさまざまではあるが、その対策の中でよく取り組まれているものとして、「子どもの学習支援」と「子ども食堂」を挙げることができる。この2つについては、子どもの貧困対策法を中心とした日本における子どもの貧困対策の政策的方向性と連動して拡大しているのと同時に、以前から地域福祉レベルでの先進的事例があり、一定のノウハウがあったためと考えられる。

　一方で、国が掲げた子どもの貧困対策の政策的内容は、はたして脱貧困としての機能を持ち得ていると言えるのであろうか。これまでの実践を踏まえた、実効性のある、根拠に基づいた政策を打ち出すことができているのであろうか。あるいは政策的に選別された「対象化された対象」（石倉2015：122）のみに、支援をしようとしてはいないだろうか。

　このような問題意識を基に、本論では子どもの貧困対策の中でも学習支援に焦点化し、北九州における学習支援事業の評価分析の結果から、政府が掲げ

る子どもの貧困対策の政策的課題について考察をする。

Ⅱ. 問題の背景と仮説の設定

1. 概念の整理

　ここで、本論で用いる概念をあらかじめ整理しておきたい。まず、子どもとは、0歳から18歳未満とし、児童福祉法の理念に則って国籍は問わないこととする。保護者とは親等の子どもを監護・養育するものであり、世帯とは子ども、保護者、及びその他の者によって構成された、生計を同一にして生活している集合体のこととする。

　次に、子どもの貧困とは、子どもの成長に影響する「①経済的な困窮（生活困窮）」「②親子の生活・心身の成り立ちに寄与する環境と選択肢の欠如（社会的排除）」と位置づけ、「子どもの幸福（well-being）を追求する自由の欠如・権利の不全」と定義する（日向市 2017：25）。単に「お金がない」や「食べるものがない」といった絶対的貧困状態をさすものではない。

　次に政策的概念の整理もしておく。子どもの貧困対策とは、子どもが担わされている貧困問題の解決を目指して行われる、公私にわたる取り組み全般を指すこととする。子どもの貧困対策法とは法律のこととする。そして、子どもの貧困対策大綱とは、子どもの貧困対策法を受けて2014年8月に閣議決定された内容とする。最後に政策とは、子どもの貧困を解決するための方向性、その方策全般のこととする。

2. 子どもの貧困対策法成立までの経緯

　先行研究やマスメディアによって、子どもが担わされている貧困の現状が提起され、社会問題として認識されるようになった。そして、市民団体による働きかけもあり、議員立法によって子どもの貧困対策法は提案され、2013年6月に国会で成立した（鳫 2014：93-94）。2014年1月に同法は施行された。子どもの貧困対策法第1条には、その目的が規定されている。

　　第1条　子どもの将来が生まれ育った環境によって左右されることのないよ
　　う、貧困の状況にある子どもが健やかに育成される環境を整備するとともに、教
　　育の機会均等を図るため、子どもの貧困対策に関し、基本理念を定め、国等の責
　　務を明らかにし、及び子どもの貧困対策の基本となる事項を定めることにより、
　　子どもの貧困対策を総合的に推進することを目的とする。

　この目的から、同法が子どもを中心的に位置づけ、子どもの健全育成の環
境整備と教育保障を大きな柱立てとして対策を定め、進めていくことを目指し
ていることがわかる[25]。
　同法の施行をうけて、同年8月には子どもの貧困対策大綱が閣議決定され
た。この大綱の具体的な内容については、後ほど政策的課題を検討する際に掘
り下げることにする。

3.　先行研究による批判的検討

　閣議決定された子どもの貧困対策大綱によって、具体的にどのような方向
性で支援を展開するのかが明確化されたのを受けて、複数の研究者によって、
すでに批判的検討によって政策的課題が指摘されている。
　湯澤（2013：11）によれば、「遂行する政策に実効性があるのか、法律の真
価は施行後の取り組みによって問われることになる」と指摘している。それに
対して鳫（2014：99-102）は、早い段階から解決すべき主な課題点として①
就学援助と生活保護の地域格差の是正、②保護者に対する支援、以上2点を挙
げている。さらに廣田（2015：126）は、「財政的保障について何ら定めてい
ない。子どもの貧困率縮減を定めることを求める条項が欠けている。『地域の
子育て環境』を見ることのできる指標の設定が必要」と実効性のための具体的
な課題点を指摘している。
　また、畠中（2015：29）は「子どもの貧困対策法において、貧困概念が明
確に規定されていない。どのような支援を実施すべきなのかが曖昧である」と
して、対象課題である貧困の不明確さを指摘している。
　小澤（2016：154-155）は先の廣田と同じく①「貧困の原因である構造改革
による労働市場の破壊や社会保障の欠落に正面から対処した施策になっていな

い」と財政的課題を指摘すると同時に、②「民間頼みで国の責務を果たしていない」、「『国民運動』といえば聞こえはいいが、要するに国は予算を積極的に投入せず、財政的措置も不充分な民間頼みの対策に陥っている」と国家責任の視点の欠如を指摘している。そして、③「子どもの貧困対策法は子どもの権利擁護の視点が弱い自助努力型の自立支援政策」であるとして、権利主体としての子どもの権利擁護という視点から貧困が「撲滅されなければならない」と述べている。

　ここまで見てきたように、すでに先行研究で指摘されている政策的課題点を整理すると、①実効性、②対象課題の明確化、③子どもの権利擁護、④保護者を含む世帯に対する支援、の以上 4 点にまとめることができる。

　すでに指摘されてきた政策的課題の中で、①実効性については「生活困窮者自立支援のあり方等に関する論点整理のための検討会」などでも議論がなされてきており、また財政的保障に関する点については政治的判断も含めた選択が求められ、この課題に対する検証については今後、時間を要すると考えられる。②対象課題の明確化については、畠中によって指摘されている通りであり、ここで再検討する必要性は無いと考えられる。③子どもの権利擁護に関する指摘については、「あるべき姿」として理念が提起されており、「権利主体としての子どもの権利擁護という視点から貧困が『撲滅されなければならない』」という指摘は再検討する必要はない。

　④保護者を含む世帯に対する支援については、支援の実践レベルでは必要性が言われている。生活困窮者自立支援のあり方等に関する論点整理のための検討会がとりまとめた「生活困窮者自立支援のあり方に関する論点整理」（2017 年 3 月 17 日、以下「論点整理」と表記）においても、世帯に対する支援については「親」もしくは「世帯」への支援という表現で論点を提起している。「論点整理」における【現状の評価と課題】から、少々長くなるが引用して紹介しておく。

(4) 貧困の連鎖防止・子どもの貧困への対応のあり方

【現状の評価と課題】

○子どもの学習支援事業は、低学力・低学歴が貧困の連鎖を生んでいるという問題意識から、学校ではない地域の場で高校進学・中退防止の支援を行うことを主眼とした事業である。実際の支援においては、学習支援を中心としつつも本人の意欲やソーシャルスキル、生活環境も向上させていく実践、そのために**子どもだけでなく世帯にも支援を行うといった実践が拡がってきている**。

(実績)

・実施自治体数　301（H27 年度）→ 423（H28 年度）

・利用者数　20,421 人（うち生活保護世帯 58.7％、生活保護以外世帯 41.3％）

・学習支援事業の参加者のうち中学 3 年生が 30.5％、その高校進学率 98.2％（⇔ 全世帯平均は 98.8％）

・学習支援以外の支援の実施状況　居場所の提供：47.2％、訪問支援：39.9％、親に対する養育支援：39.2％、高校中退防止：28.9％

・高校中退防止の支援対象者の高校中退率　5.3％

○特に、子どもの学習支援事業を入り口として世帯支援を行うに当たっては、養育相談や進学資金相談等であれば子どもの学習支援事業で行われているが、**親の就労支援等まで含める場合は自立相談支援事業で行われているのが一般的**である。

(実績)

・事業利用に当たり親の自立相談支援機関への相談（登録）を必須としている自治体　19.3％

・事業利用に当たり親の自立相談支援機関への相談（登録）必須としていない 80.7％の自治体において、親支援を行った人数　978 人（このうち 94.7％）の自治体が学習支援事業において親支援を実施しており、その内容は養育相談や進学資金相談等）

(以下略)

引用：生活困窮者自立支援のあり方等に関する論点整理のための検討会（2017：24）下線・太字による文言の協調については筆者による。

「論点整理」が指摘しているように、子どもの学習支援事業においては、子どもだけでなく保護者への支援が実践面では広がってきており、養育支援や自立相談支援事業が行う世帯支援につなげる入口としていくべきではないかという論点が提起されている。これまでにも、教育学及び隣接する学問の領域において保護者の状態が子どもの学力や成長、発達に影響を与えるという点については先行研究がなされている。

　最近であれば中室（2015）による研究や、その中でも触れられているアメリカの「ペリー幼稚園プログラム」による実践とその分析はその一例として挙げることができる。さらには、アメリカにおいて2002年に成立したNCLB（No Child Left Behind Act of 2001：落ちこぼれをつくらないための法）による片山（2009）による研究、イギリスにおいて1990年代から2000年代に行われたシュアスタート地域プログラム（Sure Start Local Programmes：SSLP）に関する尾島（2015）による研究においても、保護者への支援の重要性についてはすでに指摘されている。

　しかし、このように保護者への支援の重要性は指摘されていても、それが脱貧困に向けた一つの取り組みである学習支援においてどのような位置づけが可能であり、どのように関連しているのかということについて実証的に研究し、政策課題として提起されている研究は管見の限り発表されていない。そこで本研究では④保護者を含む世帯全体への支援について焦点化していくこととする。

4. 仮説の設定

　ここまでの先行研究による政策的課題を踏まえた考察から、本論では、以下の仮説を設定し、子どもの学習支援事業の活動を分析し、検証を進めていくこととする。

　　仮説　生活困窮世帯に属する子ども達への学習支援事業の分析結果から、「保護者（家族・世帯）に対する支援」については、脱貧困に向けた学習支援において重要な支援である。

　検証方法としては、北九州市において NPO 法人が取り組んでいる子どもの学習支援事業で収集した資料・効果測定データなどを活用して、仮説の検証をする。その上で、改めて子どもに貧困対策大綱における方針・支援内容を検討し、子どもの貧困対策としての学習支援事業のあり方について考察を行うこととする。

III.　研 究 結 果

1.　子どもの学習支援事業の概要

　本研究における仮説検証として用いるデータは、北九州市内の NPO が実施している子どもの学習支援事業で得られた支援記録、アセスメントデータである。まずここでは、その学習支援事業の概要について紹介する。

　2013 年の 9 月に、主に生活困窮世帯（生活保護受給世帯を含む）で生活する小・中学生を対象として、無料の学習支援を開始した。当初は中学 3 年生 2 名の参加から始まり、2016 年度（2017 年 3 月末時点）は 67 名の参加となっている。年齢層についても、2013 年度は中学生のみであったが、その後、小学生や中卒生、高校生、そして高卒浪人生までが学習支援に参加している。

　参加している子どもたちの状況としては、支援前の時点で 28.3%（19 名）がひきこもり状態、同じく 28.3%（19 名）が不登校状態であった。

　参加している子どもたちを世帯単位で見ると、母子・父子などのひとり親

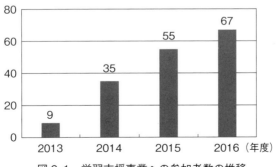

図 6-1　学習支援事業への参加者数の推移

世帯は 63.8%（30 世帯／ 47 世帯）であり、さらに保護者が「ひきこもり状態」にある世帯は 19.1%（9 世帯／ 47 世帯）であった。生活保護世帯は 38.3%（18 世帯／ 47 世帯）であり、世帯内における DV（ドメスティック・バイオレンス）[26] 被害経験については 40.3%の子どもたち（27 名／ 67 名）にあった [27]。このように、学習支援事業に参加する子どもたちというのは、単に経済的に困窮しているだけではなく、家族機能の低下や不登校・引きこもりなど、多様な問題を抱えた状態にある子どもたちである。

　この学習支援事業では、大きく見て集合型学習支援、訪問型学習支援の 2 つの学習支援を行うとともに、社会参加支援として月に 1 度イベント等を開催している。2 つの学習支援事業では、大学生や社会人によるボランティアによって週 1 〜 2 回の支援を行っている。本事業の特徴としては訪問型学習支援において、アウトリーチ型支援であると同時に、子どもだけでなく保護者を含む世帯全員を視野に収めているという点である。保護者への支援としては、日常の生活に関する相談、トラブル解決や家事に関する伴走型支援（寄り添い型生活援助）、学校との相談・交渉時における同伴・アドボカシーなど、総合的支援を行った。

2.　事業の分析・評価結果

　本事業では、NPO 法人職員である支援員が、支援開始前と合計 3 回のケースカンファレンス（10 月、1 月、3 月）に、学習支援事業に参加している子どもと、世帯全体を支援している場合はその保護者の状態について、7 項目にわたって点数化（スケール化）した。ここではこのデータを活用し、その分析を通して、子どもだけではなく保護者も含めた世帯全体への支援が重要であるという仮説①について検証を行う。

　まず、点数化方法としては、支援員がアセスメントをし、支援開始前と、ケースカンファレンスに合わせて状態像を点数化した。点数化する項目と基準については、奥田ら（2014）を参考に、当該著書の執筆者の一人である稲月正北九州市立大学教授とともに、NPO 法人の支援員、そして坂本で基準を作成した。評価する項目については、表 6-1 の通りである。子どもの状態は 60

表6-1　保護者と子どもの状態像の評価項目

子どもの状態（60点満点）	保護者の状態（55点満点）
1. 登校	1. 収入源
2. 学力・学習習慣	2. 家計管理
3. 日常生活 ➤生活習慣（食事、掃除、清潔維持）	3. 日常生活 ➤生活習慣（食事、掃除、清潔維持）
4. 健康 ➤身体疾病・治療、精神疾病・治療	4. 健康 ➤身体疾病・治療、精神疾病・治療
5. トラブル対応 ➤DV、借金	5. トラブル対応 ➤DV、借金
6. ネットワーク ➤日常の良好な関係【種類・人数】	6. ネットワーク ➤日常の良好な関係【種類・人数】
7. 社会参加	7. 社会参加

点満点、保護者の状態は細項目の関係から55点満点で、点数（スコア）化した。

　なお、今回使用するデータは、子どもだけではなく保護者にも何らかの困難を抱えているために支援を要する11の世帯のデータとした。その内訳は、子どもが17名、保護者が11名である。データは2016年4月から2017年3月まで[28]のものであり、子どものスコアと保護者のスコアを紐付けしたデータベースは66レコードであった。

　同時期の子どもと保護者の状態像の評価点数（スコア）を、世帯（親子）関係を踏まえて二次平面上にプロットしたものが図6-2である。両者の間には一定の相関が見ることができ、近似直線の方程式は「$y = 0.4157x + 17.631$」である。

　さらに、参加していた子どもたちと、支援対象であった保護者のスコアについて、支援開始前、ケースカンファレンスの各回の全体の平均値の推移について見てみると、図6-3のように支援が進むと、子どもと保護者のスコアが連動して改善方向へ向かっている。

　次に、項目ごとのスコアの変化からスコアの変動率、すなわち支援の効果率を計算し、どのような項目において支援効果が高かったのかを考えてみる。

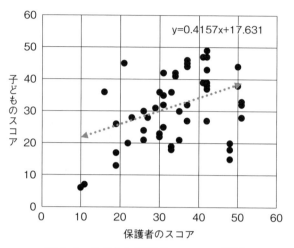

図6-2　子どもと保護者のスコアの関係

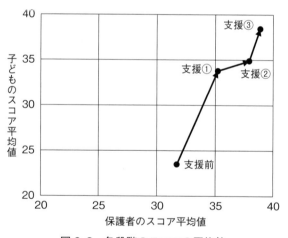

図6-3　各段階のスコアの平均値

　計算方法としては、例えば各ケースについて支援段階③（3月時点）のスコア
から支援開始前のスコアを引き、子どもと保護者でそれぞれ合算して、スコア
の変化の平均値を求める。求められた変化の平均値を、その項目のスコアの満
点（4〜5点）で割り、スコアの変動率を求めた。このスコアの変動率を支援

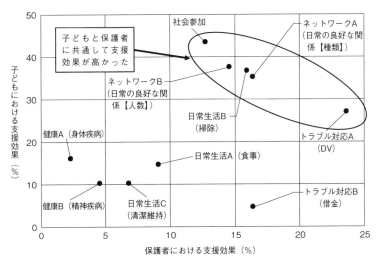

図6-4　子どもと保護者における項目別にみた支援効果

効果率とし、二次平面の横軸に保護者の各項目の支援効果率を、縦軸に子ども
の支援効果率をプロットしたものが、図6-4である。

　この図からは、子どもと保護者に共通して支援効果が高かった項目とし
て、①社会参加、②日常の良好な関係（人数・種類）、③掃除、④家庭内暴力
の解決（DV対応）を挙げることができる。参加している子どもたちの家庭的
背景には、複合的な問題が存在し、特に社会や他者との関係性において支援効
果が高かった。身体疾病や精神疾病については、支援効果の割合が低かった
が、これは1年程度で大きく改善するような課題ではなく、むしろ長期にわ
たって支援が必要な課題であるという認識が必要である。

　子どもの支援効果に焦点化すると、最も支援効果が高かったのは社会参
加、日常の良好な関係、登校といった社会や人とのつながりの領域であった。
逆に学力や精神疾病の治療については、時間がかかるものであるため、半年か
ら1年間の支援期間では大きな支援効果率が見られない。ただし、子どもたち
へのヒアリングでは、「勉強で分からなかったところが分かるようになった」
「テストの点数が上がった」「希望していた進路先へ進学することができた」

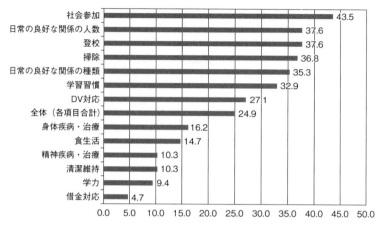

図6-5 子どもの項目別に見た支援効果 (単位：%)

等、数値には現れない効果があったことが分かっている。

3. 小 括

ここまで見てきたように、仮説①「生活困窮世帯に属する子どもたちへの学習支援事業の分析結果から、『保護者（家族・世帯）に対する支援』については、脱貧困に向けた学習支援において重要な支援である」に対して、多様な問題背景を持つ子どもの脱貧困を目指した学習支援では、子どもと保護者の状態は連動しており、保護者を含めた世帯全体への支援が重要であるということが明らかとなった。

Ⅳ. 政策的課題と支援の在り方の考察

1. 政策的課題の検討

ここまでの仮説の検証結果を踏まえて、子どもの貧困対策大綱による方針と支援内容は、「世帯に対する支援」が子どもの学習環境を整える上で実効のある内容となっているのかについて、政府が定めた子どもの貧困対策大綱（以下「対策大綱」）を検討しながら、考察を進めていくことにする。

　「対策大綱」は、子どもの貧困対策法制定に伴い、2014 年 8 月 29 日に閣議決定された。その目的・理念は、「子供の将来がその生まれ育った環境によって左右されることのないよう、また、貧困が世代を超えて連鎖することのないよう、必要な環境整備と教育均等を図る」「全ての子供たちが夢と希望を持って成長していける社会の実現を目指し、子供の貧困対策を総合的に推進する」と定められている[29]。

　この「対策大綱」では、基本的な方針、子どもの貧困に関する指標なども定め、その指標の改善に向けた当面の重点施策として①教育の支援、②生活の支援、③保護者に対する就労の支援、④経済的支援、⑤子どもの貧困に関する調査研究等、⑥施策の推進体制等、以上 6 つの柱を立てている。この内、子どもや保護者への直接的支援である①から④に焦点化し、内容を検討していくことにする。

　まず、4 つの領域の支援における基本的方針としては、図 6-6 に整理した通りである。このうち、本論で重視している保護者に対する支援に注目すると、

教育の支援

・学校を子どもの貧困対策のプラットフォームと位置付けて総合的に対策を推進するとともに、教育費負担の軽減を図る。

生活の支援

・貧困の状況が社会的孤立を深刻化させることのないよう配慮して対策を推進する。

保護者に対する就労支援

・家庭で家族が接する時間を確保することや、保護者が働く姿を子どもに示すことなどの教育的な意義にも配慮する。

経済的支援

・世帯の生活を下支えするものとして位置付けて確保する。

図 6-6　子どもの貧困対策における各支援の基本的方針

資料：「子供の貧困対策に関する大綱～全ての子供たちが夢と希望を持って成長していける社会の実現を目指して～」（2014 年 8 月 29 日閣議決定）より抜粋し、坂本が作成した。

「保護者に対する就労支援」と表現されている。その基本的方針の内容を掘り下げるために、少々長くなるが「対策大綱」から以下に引用する。

> 　保護者の就労支援は、労働によって一定の収入を得て、生活の安定を図る上で重要であることはいうまでもない。
> 　収入面のみならず、家庭で家族がゆとりを持って接する時間を確保することや、親等の保護者が働く姿を子供に示すことによって、子供が労働の価値や意味を学ぶことなど、貧困の連鎖を防止する上で大きな教育的意義が認められることからも、保護者の就労支援の充実を図る必要がある。(「対策大綱」、P.5 より)

　これらの基本的方針を踏まえて、「対策大綱」では、先に述べたように6つの領域の支援や調査研究、推進体制等について、具体的な支援や取り組み内容について明らかにしている。そこで、前の章で分析した支援効果で、特に支援効果が高く、またその支援の重要性を指摘した①不登校、②経済的困窮、③DV、④生活機能低下、⑤社会参加、といった5つのニーズに対してどのような支援が掲げられているのかを、「対策大綱」から抜き出して整理したのが表6-2である。

　経済的困窮（12支援）や生活家族機能の低下に関する支援（8支援）は、多く掲げられている。一方で、不登校（3支援）やDV（1支援）、社会参加（2支援）に関する支援については比較的支援メニューが乏しい。これによれば、不登校状態にある子どもの場合、学校が窓口である以上、教育者による福祉的理解がどの程度であるのかが鍵となるであろう。また地域における学習支援についても、NPOやボランティアへの依存が前提であり、地方ではそのような社会資源が乏しく充分に支援できないことも考えられ、ここには明確な公的責任に基づく実施体制が見られない。

　生活機能の低下に対する支援として、保護者の自立支援や保護者に対する就労支援が含まれているが、例えば掃除や清潔維持、食事の用意といった日常生活に関わる機能（家事・育児機能）の低下に対する支援は、「相談支援を行う」や「相談し支え合う場の提供を行う」程度であり、具体的なケア（生活援助）にまでは踏み込めていない。先に紹介した「保護者に対する就労支援」の

表6-2　ニーズと大綱における支援メニュー

ニーズ・課題	大綱上の支援
不登校	①　学校を窓口とした福祉関連機関等との連携 ②　地域による学習支援 ③　高等学校等における就学継続のための支援
経済的困窮	①　義務教育段階の修学支援の充実 ②　「高校生等奨学給付金（奨学のための給付金）制度」などによる経済的負担の軽減 ③　特別支援教育に関する支援の充実 ④　高等教育の機会を保障するような奨学金制度等の経済的支援の充実 ⑤　国公私立大学生・専門学校生等に対する経済的支援 ⑥　生活困窮世帯等への学習支援 ⑦　児童扶養手当の公的年金との併給調整に関する見直し ⑧　ひとり親家庭の支援施策についての調査・研究の実施に向けた検討 ⑨　母子福祉資金貸付金等の父子家庭への拡大 ⑩　教育扶助の支給方法 ⑪　生活保護世帯の子どもの進学時の支援 ⑫　養育費の確保に関する支援
DV	①　母子生活支援施設等の活用
生活機能低下	①　子どもの食事・栄養状態の確保 ②　保護者の自立支援 ③　保育等の確保 ④　保護者の健康確保 ⑤　食育の推進に関する支援 ⑥　保護者に対する就労の支援 ⑦　親の学び直しの支援 ⑧　就労機会の確保
社会参加	①　多様な体験活動の機会の提供 ②　ひとり親家庭や生活困窮世帯の子どもの居場所づくりに関する支援

基本的方針、そして相談支援を基本とするような支援メニューというのは、親
は働くことが当たり前であり、日常生活に関する機能（家事・育児機能等）は
相談に応じればできるはずであるという認識を前提としている。しかし、この
ような認識は誤りである。親は相談に乗ってほしいだけではなく、精神疾患
や、場合によっては生活歴に基づく生活文化（家庭内文化）から、日常生活に
関する機能として世間で「当たり前」とされることができない可能性もあるこ
とを視野に入れるべきである。機能の獲得を支援するメニューも必要である。
さらに、ここに挙げられているメニューはひとり親世帯を前提とした支援が多
く、両親がそろっている世帯の保護者に対する生活機能低下にする支援も乏し
い点は、施策として抜けがあると言える。

　これだけではない。世帯に対して具体的に誰がその支援のためのマネジメン
トを行うのかも不明確でもある。生活機能の代替・補完、そしてエンパワメン
トを達成するようなじっくりと寄り添った支援を通した、家族全体のエンパ
ワメントが必要であり、そのような視点と支援の欠如が、子どもの貧困対策に
おける政策的問題点である。

　子どもが安心して、落ち着いた環境の中で学び、成長・発達していくため
には、安定した家庭環境が不可欠であり、そのためには子どもと保護者の一体
的な世帯支援が重要であるのは前章で述べた通りである。しかし、「対策大綱」
による方針と支援では、「保護者（家族・世帯）に対する支援」が、子どもの
学習環境を整える上で実効のある内容となっていない。つまり、仮説②はここ
に証明されたと言える。

2. 脱貧困対策としての子どもの学習支援の在り方の考察

　それでは、脱貧困対策としての子どもの学習支援は、どのような在り方が
必要なのであろうか。

　子どもの貧困対策としての学習支援において、子どもだけではなく保護者
を一体的に捉えた世帯全体への支援が必要である。なぜなら、保護者の状態が
改善することと子どもの学習や生活に関する状態は連動して改善する傾向にあ
るからである。

　しかし、現時点における子どもの貧困対策では、子どもだけを中心に置いたために、保護者に対して「自立助長」は求めるものの、家事援助等の生活機能の回復を目指したような支援は乏しい。今後の在り方としては、生活機能等へ直接的に働きかけるような支援（ケア）を盛り込み、財政的裏付けを基にして具体化することが必要である。子どもへ無料で学習する機会を提供するだけではなく、子どもを取り巻く環境である保護者を含めた一体的な世帯支援をすることで、子どもが学習に集中できる環境は整っていくのである。

　保護者もまた、直接的に支援を要する存在であるという視点を持った、そのような学習支援を展開することにより、複合的多問題状態にある生活困窮世帯で生活する子どもに対して、脱貧困を目指した学習支援を行うことが可能となるのである。

Ⅴ．おわりに

　本論では、北九州市における脱貧困を目指した子どもの学習支援と、その世帯への一体的な支援の効果分析を通して、子どもと保護者を一体的にとらえ、世帯全体を支援することの重要性を明らかにした。その結果を基に、子どもの貧困対策としての学習支援に関する政策的課題について「対策大綱」を基に考察を行い、保護者への「自立助長」的支援や、ひとり親世帯を前提とした施策のあり方について批判的に考察を行った。「論点整理」においても指摘されているが、世帯を一体のものとして捉えた支援を政策として盛り込み、制度化することが必要である。

　今後の研究上の課題としては、「対策大綱」を踏まえて、実際にどのようなサービスが現時点において実施されているのかを調査し、実証的に検証を行うことが必要である。そして、本研究では保護者が子どもの対して与える負の影響から、児童相談所などによる子どもと保護者の分離保護ということまでは視野に入れていない。あくまで世帯内の関係性を維持することを前提とした研究考察であるということを付け加えておきたい。

謝　辞

　本論は、坂本が執筆に加わった稲月（2016）の資料及び分析結果を基にした、日本医療経済学会第19回研究例会「子どもの貧困と医療福祉政策」（2016年9月25日、同朋大学）での研究発表を基にして、執筆したものである。研究例会では研究上大変有意義な示唆をいただくことができた。この場をお借りして、お礼を申し上げたい。さらに、子どもや保護者への支援に関する実証分析の内容については、先述の報告書の最新版である稲月（2017）の坂本が担当執筆した箇所を参考にしたことを付け加えておく。

VI.　補足資料　生活状態スコア

　支援の対象となった各世帯員（保護者や子ども）について、7項目を5段階ないし6段階（0～5点）にて評価を行い、スコア化をした[30]。各項目については、それぞれ複数の細分化された項目から構成されている。それぞれのスコア化の基準については、表6-3（保護者用）と表6-4（子ども用）に示す通りである[31]。

表6-3　生活状態のスコア化基準（保護者用）

生活状態	項　目	基　準	スコア
経済生活	収入源（就労可能）	無	0
		生保＋求職なし	1
		生保＋求職あり	2
		非正規＋生保／非正規＋諸手当	3
		正規＋生保	4
		賃金のみ（正規＋諸手当含）	5
	収入源（就労不可）	無	0
		生保のみ＋児童扶養手当	1
		年金＋生保／賃金＋生保	2
		年金のみ	3
		賃金＋年金	4
		賃金のみ	5
	家計管理	家計管理は全くしておらず、生活費はほぼ毎月足りない	0
		他者が家計管理をしているが、生活費はほぼ毎月足りない	1
		自分で家計管理をしているが、生活費はほぼ毎月足りない	2
		自分で家計管理をしているが、たまに生活費が足りないことがある／他者が家計管理をしており、ほぼ毎月やりくりできてる	3
		自分で家計管理をして、ほぼ毎月やりくりできている	4
		自分で家計管理をして、計画的に貯金ができている	5

生活状態	項　目	基　準	スコア
日常生活	生活習慣A（食事）	食べられない日がかなりある	0
		食べられない日がたまにある	1
		だいたい一日1食	2
		だいたい一日2食	3
		だいたい一日3食	4
	生活習慣B（掃除）	床が見えず、ゴミカビ腐敗物放置	0
		雑誌・ゴミ・缶などが部屋中に散乱	1
		床は見えるが、散らかっている	2

		本人なりに片付けているが雑然・塵埃有	3
		きれいに片付いている	4
	生活習慣C（清潔維持）	洗濯・入浴 数か月に1回	0
		洗濯・入浴 月1、2回	1
		洗濯・入浴 週1回程度	2
		洗濯・入浴 3日に1回以上	3
		洗濯・入浴 ほぼ毎日	4

生活状態	項　目	基　準	スコア
健康	健康A（身体疾病・治療）	治療促し中	0
		治療中（同行）	1
		治療中（自力）	2
		治療継続安定	3
		無・完治	4
	健康B（精神疾病・治療）	治療促し中	0
		治療中（同行）	1
		治療中（自力）	2
		治療継続安定	3
		無・完治	4

生活状態	項　目	基　準	スコア
社会生活	トラブル対応A（DV）	トラブルあり解決無	0
		トラブルあり解決促し中	1
		トラブル解決に向けて動き出した（同行）	2
		トラブル解決に向けて動き出した（自力）	3
		トラブル解決のめどがついた	4
		解決／トラブルなし	5
	トラブル対応B（借金）	トラブルあり解決無	0
		トラブルあり解決促し中	1
		トラブル解決に向けて動き出した（同行）	2
		トラブル解決に向けて動き出した（自力）	3
		トラブル解決のめどがついた	4
		解決／トラブルなし	5
	ネットワークA（日常の良好な関係【種類】）	0種類	0
		1種類	1
		2種類	2
		3種類	3
		4種類	4

		5種類以上	5
【人数】（日常の良好な関係）	ネットワークB	いない	0
		1〜2人	1
		3〜5人	2
		6〜10人	3
		11〜15人	4
		16人以上	5
	社会参加	無	0
		単独完結型趣味・楽しみ有	1
		特定複数型趣味・楽しみ有	2
		単独ボランティア等実施	3
		ボランティア・地域活動にたまに参加する	4
		ボランティア・地域活動に継続して参加している	5

表6-4 生活状態のスコア化基準（子ども用）

生活状態	項 目	基 準	スコア
学校生活	学校などへの登校	学校にも学外の支援機関にも（ほぼ）全く行っていない	0
		学校にも学外の支援機関にもほとんど行っていない	1
		学校には行っていないが、学外の支援機関には行っている	2
		別室登校しているが、教室にはほとんど入れない	3
		たまに教室で授業を受けている	4
		ほぼ毎日教室で授業を受けている	5
	学力（A）	2学年以上低い	0
		学年の平均よりもかなり低い	1
		学年の平均よりも低い	2
		学年の中で平均的	3
		学年の平均よりも高い	4
		学年の平均よりもかなり高い	5
	学習習慣（B）	学校外での学習時間はほとんどない	0
		集合型・訪問型学習支援などの場で、指示されてもなかなか学習できない（学習の時間がもてない）	1
		集合型・訪問型学習支援などの場で、指示されればある程度（時間の半分程度）は学習できる（学習の時間を持てる）	2
		集合型・訪問型学習支援などの場で、指示されればしっかりと学習できる	3
		集合型・訪問型学習支援などの場で、自発的に学習できる	4
		集合型・訪問型学習支援などの場以外でも、自発的に学習できる	5

生活状態	項 目	基 準	スコア
日常	生活習慣A（食事）	食べられない日がかなりある	0
		食べられない日がたまにある	1
		だいたい一日1食	2
		だいたい一日2食	3
		だいたい一日3食	4
		床が見えず、ゴミカビ腐敗物放置	0
		雑誌・ゴミ・缶などが部屋中に散乱	1

生活	B 生活習慣（掃除）	床は見えるが、散らかっている	2
		本人なりに片付けているが雑然・塵埃有	3
		きれいに片付いている	4
	生活習慣C（清潔維持）	洗濯・入浴 数か月に1回	0
		洗濯・入浴 月1、2回	1
		洗濯・入浴 週1回程度	2
		洗濯・入浴 3日に1回以上	3
		洗濯・入浴 ほぼ毎日	4

生活状態	項　目		基　準	スコア
健康	健康A（身体疾病・治療）		治療促し中	0
			治療中（同行）	1
			治療中（自力）	2
			治療継続安定	3
			無・完治	4
	健康B（精神疾病・治療）		治療促し中	0
			治療中（同行）	1
			治療中（自力）	2
			治療継続安定	3
			無・完治	4

生活状態	項　目		基　準	スコア
社会生活	トラブル対応A（DV）		トラブルあり解決無	0
			トラブルあり解決促し中	1
			トラブル解決に向けて動き出した（同行）	2
			トラブル解決に向けて動き出した（自力）	3
			トラブル解決のめどがついた	4
			解決／トラブルなし	5
	トラブル対応B（借金）		トラブルあり解決無	0
			トラブルあり解決促し中	1
			トラブル解決に向けて動き出した（同行）	2
			トラブル解決に向けて動き出した（自力）	3
			トラブル解決のめどがついた	4
			解決／トラブルなし	5
	ネットワークA（日常の良好な関係【種類】）		0種類	0
			1種類	1
			2種類	2
			3種類	3

		4 種類	4
		5 種類以上	5
	ネットワークB（日常の良好な関係【人数】）	いない	0
		1 〜 2 人	1
		3 〜 5 人	2
		6 〜 10 人	3
		11 〜 15 人	4
		16 人以上	5
	社会参加	無	0
		単独完結型趣味・楽しみ有	1
		特定複数型趣味・楽しみ有	2
		単独ボランティア等実施	3
		ボランティア・地域活動にたまに参加する	4
		ボランティア・地域活動に継続して参加している	5

第Ⅱ部

実　践　編

第 **7** 章

NPO法人抱樸による子どもの学習・社会参加支援

I. 事業に取り組む背景

　NPO法人抱樸では、2013（平成25）年度より生活保護受給世帯の子どもを中心として、生活困窮世帯の子どもたちに対する学習支援及び社会参加支援に取り組んできた。この点は、ここまで見てきた北九州市行政を中心とした公教育を中心とした学習支援事業とは異なる。NPO法人抱樸が取り組んできた学習支援は、北九州市保健福祉局保護課を中心とした福祉事務所のケースワーカーと連携しながら、経済的に厳しい状況に置かれている子どもたちを中心として、公教育の立場から取り組む学習支援では、十分に対応できないような子どもたちに対して、学校とは異なる場所を拠点として学習支援を行ってきた点が特徴である。

　2013（平成25）年度に取り組んだ学習支援モデル事業の評価と課題については、表7-1の通りである。2014（26）年度は、これらの課題点についても取り組み、より活動内容の拡充に努めた。集合型学習支援に来られない、来ることができなくなった子どもへの対応としては、訪問型学習支援の実施を行うと同時に、学習に取り組むことは難しいが居場所を必要としている子どもたちの居場所の確保を行った。家庭の課題への世帯支援については、支援員による訪問によって家庭状況、課題を把握し、支援プランを策定、支援員による伴走型支援と他の機関との連携によるチームアプローチを行い、家庭の課題解決に向けた取り組みを行った。

表 7-1　2013 年度学習支援モデル事業の評価と課題

評　価	課　題
・学力の向上、楽しく学べる経験ができた。 ・居場所づくりができた。 ・ボランティアとの関係づくりを達成できた。	・集合学習に来られない子ども・来られなくなった子どもへの対応。 ・家庭の課題への世帯支援をどうするか。

II. 支援活動の内容

1. 事業の全体像

　NPO 法人抱樸が取り組んだ学習支援と社会参加支援の事業は、まず 5 つの理念から成り立っている。

　　・2014 年度の理念
　　　➢ 学ぶ力と生きる力
　　　➢ ひとりじゃない　―「助けて」と言える社会へ
　　　➢ 家族で元気になる
　　　➢ 社会が育てる
　　　➢ 今が未来

この理念に基づき、次の 8 つの目的を定めた。

　　・プロジェクトの目的
　　　1. 子どもの学力保障（集合型、訪問型）
　　　2. 子ども相談先の確保
　　　3. 子どもの安心できる場所づくり
　　　4. 子どもの生きる力を醸成
　　　5. 子どもの社会参加・生活支援
　　　6. 家族・世帯支援
　　　7. 総合的伴走型支援構築
　　　8. 貧困の世代間スパイラルの断ち切りと防止

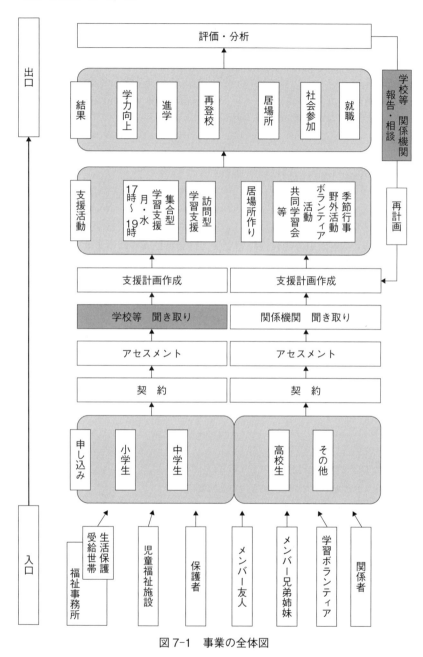

図 7-1　事業の全体図

　事業全体の流れとしては、生活保護課のケースワーカーやその他関係機関から紹介されたり、あるいは本人や家族などからの相談を受け、本人や関係者に対してヒアリングを行い、アセスメントを行う。このアセスメントの段階で必要に応じて他の社会資源や、他の支援団体へつなぐというスクリーニングも行う。そしてプランニングを行い、支援を実施し、一学期ごとに効果測定（モニタリング）を実施し、次への再計画を行うという流れを基本とした（図7-1参照）。

　それぞれの流れの中で、どのタイミングで誰が支援に関わるのかを示したのが図7-2である。支援員は一貫して関わることになる。学習支援を進めていく上での学力評価などの見極めは、教員 OB が関わった。また実際に学習支援を実施していく中で、直接的に子どもたちへ関わるだけでなく、学習支援の場全体の統括やボランティアへのスーパーバイザーとしての役割を担った。ボランティアには、地域住民の社会人ボランティアだけでなく、大学生ボランティアが関わった。特に大学生ボランティアは、参加する子どもたちにとって年齢

①学習支援
・集合型学習支援
・訪問型学習支援

②居場所の提供
・交流サロン「よるかふぇ」

③社会参加支援
・ボランティア活動
・体験型研修（イベント）
・学校（高校など）訪問見学、若者サポートステーションやハローワーク等への同行
・ボランティアの体験談を聞く
・企業などでの就労体験

④生活（世帯）支援
・個別型伴走支援
・総合型伴走支援

図 7-2　取り組み内容

が近いということで、「大きいお兄さん」「大きいお姉さん」という身近な存在でもあり、学習支援だけではなく私的な相談などにも対応した。

　具体的な支援内容としては、学習支援としては①学習支援（集合型・訪問型）に取り組んだ。社会参加支援としては②居場所の提供、③ボランティアや体験型研修への参加（社会参加支援）を行った。さらに、学習支援と社会参加支援を実施していく上で重要な、子どもたちの生活を確かなものにするためにも、④生活（世帯）支援にも取り組んだ（図6-3参照）。

2. 学習支援

　①の学習支援は、集合型と訪問型に分けて行った。これは子どもたちの置かれている状況に応じた支援の実施であり、2013（平成25）年度に取り組んだ際の課題への取り組みでもある[32]。

　集合型学習支援では、学生ボランティアを中心として、個別・習熟度別指導を行った。「分からない」「苦手なこと」を言える空間を目指し、楽しく学べることを意識し、経験を積み重ねていくことにより、学力向上を目指す場所とした。さらに、学習以外の相談もできる空間であることを重視した。

　訪問型学習支援では、不登校や長期のひきこもり、家庭の事情等により、集合学習が困難な対象者に支援員とボランティアが訪問を実施した。これは、教職員 OB や社会人ボランティア、学生ボランティアが学習支援を担い、伴走型支援員が世帯支援を担うという、子どもの学習支援と世帯の支援を閉校して行うこととした。特に、訪問型ということで2名で行動することを基本とし、学習支援を担当するボランティアが学習支援を行っている間に、伴走型支援員は保護者の相談を受けることができた。関係づくりを重視し、訪問の際にはひきこもりや孤立に至った本人を取り巻く家庭の把握を目指し、中・長期的には訪問型への参加も目指すこととした。

3. 居場所の提供

　子どもたちの居場所の提供を目的に、交流サロン「よるかふぇ」を「抱樸」多機能型作業所スペースにて設置をした。学びに対するハードルが高い子ども

写真 7-1　集合型学習支援の様子

たちでも、気軽に立ち寄れる場所、いつも誰かが寄り添い、見守りのある安心
できる場所をつくることとした。毎週火曜日の 18 時から 20 時にオープンし、
自由な交流スペースとして、飲み物や軽食を提供できるようにした。これによ
り困窮状態にある子どもたちの空腹を満たしたり、一人で過ごすのではなく誰
かと食事をしたり、温かいものを飲食することで落ち着くことができるような

写真 7-2　よるかふぇの様子

場所であることを目指した。

4. 社会参加

　社会参加支援はボランティア活動、体験型研修、高校などへの見学訪問の実施、若者サポートステーションやハローワークなどへの同行、ボランティアの経験談を聞く会、企業などでの就労体験など多様な体験を行った。学習支援に参加している子どもたちが普段なかなか経験できないことを体験し、社会を知り、人生を豊かにする体験をすることを目的とした。ボランティアの体験談を聞く会では、普段の学習支援では個々で勉強する場面が多いので、他の参加者やボランティアとの交流を持ち、勉強以外の共通の話題やつながりを作り、学習支援に気軽に、そして楽しく参加できるような雰囲気作りを目指して行われた。

　イベントの内容としては、町歩き、プラネタリウム、そうめん流し、地元のJ3サッカーチームであるギラヴァンツ北九州の試合観戦、門司港観光とゆるキャラとの交流、サーカスを観に行くなどをした。

写真7-3　イベントなどの様子

5. 生活（世帯）支援

　生活（世帯）支援では、学習支援だけではなく伴走型支援員による生活支援等の総合的伴走支援を行った。個別支援では、伴走支援を通して子どもとその家族の抱える課題解決に向けた支援を行った。

　総合型伴走支援では、ケースカンファレンスを開催し、関係機関と連携しながら支援を行った。後に見るように、生活保護受給世帯や虐待経験児もおり、福祉事務所や児童相談所との連携が密に行われた。また、積極的にスクールソーシャルワーカーとも連携し、伴走型支援員が当該の子どもが通学する学校へ出向き、学校教諭とともに支援を行った事例もあった[33]。

III. 学習支援・社会参加支援の評価

1. 学力面での評価

　学力面でどのような成果を出すことができたのか、高校進学と成績の変化に着目して見ることにする。中学3年生については、すべての子どもが高校に合格することができた。特に経済的に負担が軽くなるという理由から公立高校を目指していた子どももいたが、いずれも無事に目標を達成することができた。子どもの貧困対策法においても、高校進学は1つの評価尺度になっている点を踏まえると、2014（平成26）年度は成果をしっかりと出すことができたと言える。また中学2年生以下の子どもについても、学年で平均以下だった成績が平均を超えるようになったりというように、進学実績と同様に学力の向上があった。

　以上から、本事業はしっかりと成果を出すことができたと言える。

2. グループインタビューによる評価

　2015（平成27）年2月に、中学生7人に対して30分程度のグループインタビューを行った。インタビューに際しては、研究者だけではなく子どもたちとの関係が構築できている支援員も加わって行った。そのインタビューレコードから、評価に関する部分を抜き出し、共通点を挙げて分類・整理したものが

表 7-2　グループインタビューによる評価

カテゴリー	子どもたちの発言
楽しい	①　なんか、楽しいっす。 ②　大学生と話していて、楽しい。
勉強ができる	③　家に居るときより、勉強のやる気があがる。 ④　楽しく勉強できる。 ⑤　にぎやかな所の方が勉強できる。
学力が上がった	⑥　点数が前より上がった。 ⑦　英語の点があがった ⑧　わからない問題とかは減ってきた。
回数が少ない	⑨　（回数が）少ない。 ⑩　週 5 ぐらいじゃないと宿題できない。
教え方が面白い	⑪　教え方が面白い。
コミュニケーションがとれる	⑫　人とコミュニケーションがとれること。

表 7-2 である。

　子どもたちにとっては、「楽しい」場所であったと言える。また「勉強ができる」環境であり、「学力が上がった」と実感している子どもは多い。テストの点数が上がったり、分からない問題が減るという目にも見える形で実感しているようである。それだけに、週 2 回という回数は少ないと感じているようである。ただし、現実的には週 5 回の実施もことは（？）子どもたちもよく理解している。しかし、宿題に取り組むなど学習の定着と、テストなどでさらなる得点アップを目指すのであれば、やはり回数を増やすことは前向きに検討した方がよいと思われる。ただし、その場合はより多くのボランティアの確保が必要になってくる。

3.　ボランティアによる子どもに対する個別インタビューからの評価

　参加している子どもたちに対して、ボランティアが所定書式に基づいてインタビューを行い、聞き取りをしながら記入を行った。その内容から子どもたちの感想や要望から評価を行うことにする。インタビューをしたボランティア

表7-3　子どもたちの参加した感想とその分類（カテゴリー）

カテゴリー	子どもたちの発言
楽しい場所	①　学校に行かなくても、スイトレ※に来るくらい楽しかった。 ②　大学生と話して楽しい。 ③　面白かった。 ④　おしゃべりが楽しい ⑤　良かった。 ⑥　楽しい ⑦　家以外の逃げ場
コミュニケーション能力の向上	⑧　年の差関係なく話せる ⑨　いろんな人に会ってコミュニケーション能力がついてきた。 ⑩　学校で友達からよくしゃべるようになったと言われる。
学力の向上	⑪　勉強が前よりできるようになった。 ⑫　宿題が進んだ。

※スイトレは集合型学習支援の通称。

　は、普段から担当している子どもに対して行った。これは、ある程度信頼関係が構築されていることから、子どもたちがより本音に近い意見を言ってくれるであろうという意図があった。時期は2014（平成26）年度の事業の折り返し地点でもある10月に行った。協力してくれた子どもは8人であった。

　聞き取りシートに記録された、子どもたちが学習支援についてどのようなことを感じているのかという感想について見てみると、大きく3つに分類することができる。一つ目は「楽しい場所」である。大学生や社会人ボランティアと、雑談も交えながら居場所づくりを重視した結果であろう。特に不登校経験を持っている子どもも多い点からも、まずはその場所に出てくることができることが重要である。子どもの居場所づくりという点では、目標を達成することができたと言える。

　次にコミュニケーション能力の向上である。大学生だけでなく、社会人ボランティアや支援員など幅広い年齢の大人とコミュニケーションをはかること

表 7-4　子どもたちの参加した感想とその分類（カテゴリー）

カテゴリー	子どもたちの発言
皆で作りたい	①　イベントで皆で協力して何かを作るようなことをしたい！ ②　お好み焼きとか、料理したい。 ③　みんなでご飯つくって食べる。
皆と遊びたい	④　みんなでカラオケに行きたい。 ⑤　みんなといっぱい話したい。 ⑥　学習室で室内ゲーム（トランプ）とかしたい。
ない	⑦　何も無い ⑧　特になし ⑨　おまかせ。 ⑩　このままでいい ⑪　ありません。

により、コミュニケーション能力の向上が見られたようである。特に「⑩学校で友達からよくしゃべるようになったと言われる」というレコードは、このような場が学力向上だけでなく、コミュニケーション能力の向上にも役立つ、貴重な場所であることを示しているといえる。

　学習支援に対する希望について、子どもたちの発言内容を分類整理したのが表7-4である。大きく見ると3つの傾向が見られる。1つ目は料理などを「皆で作りたい」。2つ目はカラオケに言ったり、いっぱい話したり、トランプなどのゲームをするなど、「皆と遊びたい」である。皆で作りたいという中では、社会人と一緒に料理をすることも行った。ゲームについては中学3年生の受験勉強などを踏まえると、賑やかになることを実施するという判断は難しい。3つ目は「ない」である。現時点で十分満足しており、これ以上は求めていないということである。ここからも、参加した子どもたちの満足度はかなり高かったことが分かる。

　参加した子どもたちの評価をまとめると、学習支援は楽しい場所であり、皆と料理をしたり、もっと遊びたくなるような場所であり、さらにコミュニケーション能力と学力の向上もはかることができたと言える。

4. ボランティアによる評価

　先に述べた子どもたちへのインタビューと同時に、社会人と大学生ボランティアに対して、自由記述方式でアンケートを行った。その中で、学習支援に参加した感想について分類をしたのが、表7-5である。これによると、「楽しい」「自己の学び」「専門性が必要」の3つにまとめることができた。楽しいというのは、ボランティア自身が学習支援の場が楽しく、子どもたちだけではなく大学生ボランティアにとっても居場所になっていたということである。「自己の学び」については、「楽しい」と重なっていることではあるが、子どもたちに教えることを通して、ボランティア側もまた何かを学び取ることがあるということを示している。最後に専門性が必要というのは、2013（平成25）年度事業からの課題の一つである。確かにボランティアは「素人」であり、専門職ではない。しかし実際には、先に紹介したように、多くの課題を抱えている

表7-5　10月時点でのボランティアによる感想とその分類（カテゴリー）

カテゴリー	ボランティアの発言
楽しい	①　子どもたちと接することは楽しい ②　本当に楽しい時間を過ごさせてもらっています。 ③　職員さんも優しい人ばかりで私自身、居場所と思っています。 ④　基本的に楽しく過ごさせてもらっています。良い雰囲気だと思います。 ⑤　私にとっても楽しくて居心地の良い場所に来ているという感覚です。 ⑥　スイトレに参加させていただいて、様々な人と関わることができて、楽しさを覚えました。 ⑦　楽しいから続けられる。スイトレは私の居場所でもあります。
自己の学び	⑧　子どもたちの無邪気さや好奇心の多さなどから、自分が学ぶことも多く、参加して良かったと感じています。
専門性が必要	⑨　心理学や社会福祉の専門家ではなく、素人の人間で対応できる問題ではないような気がする時が多い。

子どもたちが学習支援に参加している。高度ではなくても、少しでも専門知識やスキルをボランティアが身につけることにより、より適切で円滑な支援を展開することが可能になると考えられる。

　次に、2015（平成27）年3月末時点での、大学生ボランティアによる自由記述方式のアンケート結果から本事業の課題点を整理し、本事業の評価を行うこととする。表7-6によるように、課題点としては「情報共有ができていない」「ボランティアによるケース情報の把握の必要性」「子どもとの関わり方が難しい」「ボランティアの教える力」「提案の難しさ」「一人で抱え込んでしまう」「子どもたち同士の話し合いのコミュニケーション」の7点を挙げることができる。

　「情報共有ができていない」、「ボランティアによるケース情報の把握の必要性」の2点については、昨年度からの継続的課題である。特に子どもの情報をどれだけ事前に学生に教えるのかというのは、大変難しい。個人情報保護の観点からも、フルオープンで教えることが難しい。しかし「⑩なかなか触れられたくない事情をもつ子もいるので、言葉を選んだり、この話題はいいのかとよく悩んだ」という記述からも、いろいろと課題を抱えている子どもたちだからこそ、ボランティアによる不注意な発言から傷つけないようにするためにも、ある程度のケース情報の提供は必要である。しかしそのためには、単に誓約書の提出をボランティアに求めるだけではなく、守秘義務に関する研修など独自な研修も行う必要あろう。

　「子どもとの関わり方が難しい」、「ボランティアの教える力」については、新たな課題であるといえる。特に参加する子どもたちの年齢幅がとても広がってきている状況の中では、各年生状況に応じた関わり方ができる必要もある。また教える内容も中学3年生の受験勉強あたりから難しくなってくる。理系科目を教えることができるボランティアをどのようにして集めるのかについては、北九州地区10大学連携事業などを活用して理工系学部の大学生ボランティアを積極的に募っていくことが重要になってくるであろう。

　「提案の難しさ」については、随時改善を行っていく上で非常に重要な点である。

表7-6 学生ボランティアが感じた課題点

カテゴリー	ボランティアの発言
情報共有ができていない	① 毎回来ることができないスタッフのために2か月に1度くらいの頻度で子どもや研修生の進捗状況を簡易でもまとめたものを作るといいのではないかと思いました。 ② ボランティア間での共有の時間をゆっくりとれないことです。特に僕は皆と同じ大学ではないので、それが顕著だと思います。 ③ 職員の方や大学生の中でも情報が共有できていなかったこと ④ ボランティア同士での情報共有の難しさを感じた。毎回参加することは難しいため、参加した人が参加できなかった人にその日のことを共有する必要があった。 ⑤ ボランティア同士の意見の食い違い ⑥ 情報共有の場の確保
ボランティアによるケース情報の把握の必要性	⑦ 子どもたちそれぞれの背景を公開できる範囲で知っておくといい ⑧ 子どもたちの情報を前もって知りづらいこと。 ⑨ 家庭環境など第三者にあまり知られたくない部分もあると思うので、難しいとは思うけれども、絶対的に避けた方がいい話題などは、知っておきたいと思った。 ⑩ なかなか触れられたくない事情をもつ子もいるので、言葉を選んだり、この話題はいいのかとよく悩んだ ⑪ つく人の背景を知らずにズカズカ質問ばっかりしてしまって、地雷とかを踏んだりしたときは、自分はダメだなぁってかなり落ち込みました。 ⑫ 対象者の方の状況、症状等が分からず、関わる上で何に注意すれば良いかが分からず、最初のうちは全くと言ってよいほどコミュニケーションを取ることができなかった。
子どもとの関わり方が難しい	⑬ 子どもとの関わり方に関してはよく迷っています。 ⑭ 最近は、スマホのアプリのゲームにのめり込み過ぎる子をどうしようかと思っています。 ⑮ 注意の仕方などがよくわからなかった
ボランティアの教える力	⑯ どう教えたら分かりやすいのかがわからない ⑰ 自分が分からないことは教えることはできない ⑱ ボランティアの学力 ⑲ ボランティアの人員確保（特に理系、男子学生）
提案の難しさ	⑳ 「こうした方がいい」という意見を大学生の立場からなかなか言いにくかったこと
一人で抱え込んでしまう	㉑ ボランティアが責任を背負いすぎてしまうこと
子どもたち同士の話し合いのコミュニケーション	㉒ 大学生と子どもたちは仲良くなれても、子どもたち同士で話せていない子もいた

　「一人で抱え込んでしまう」については、支援員によるサポート体制、スーパービジョンの実施はあるものの、それだけではなくボランティア同士や大学教員による重層的サポート体制が確立することが必要である。

　最後に「子どもたち同士の話し合いのコミュニケーション」は、とても鋭い指摘と言える。子どもたちによる評価でも「皆と作りたい」や「皆と遊びたい」というように、せっかく同じ空間でともにがんばっているにもかかわらず、子ども同士が十分にコミュニケーションをとることができていないのではないだろうか。今後は、ボランティアと子どもという関係だけでなく、子ども同士のコミュニケーションを積極的に展開できるような仕掛けが必要になると考えられる。

第 **8** 章

社会的包摂を目指した支援事例の分析

I. は じ め に

　本章では、前章で紹介した支援事業の支援事例を取り上げて、実践レベルでの福祉ニーズの分析、そしてその支援のあり方について分析を行う。支援の困難性、社会的包摂を志向した実践を考える上で有用だと考えられる 8 つの事例を取り上げる。なお、個人の特定を避けるために事例内容は必要に応じて一部改編を行っている。

II. 事例①：家族関係の再構築を行うことで子どもの学習意欲とコミュニケーションスキルが改善されたケース

1. ケースの概要

　A さんは祖母と二人で生活していた中学生である。学習支援の場には、2014（平成 26）年 12 月より参加するようになった。

　支援前、A さんは不登校であった。小学校時代から母親のネグレクトや逮捕等で児童相談所の一時保護、児童養護施設等に入っていたこともある。そのため小学校から学校に行けなかったこと、あるいは行かなかったこともあるが、中学校へ入学後、祖母の養子になり苗字が変わったこと等をきっかけに完全に不登校になった。家に引きこもっていることを心配した保護課子ども健全育成支援員の紹介で集合型学習支援に参加した。集合型への参加は無理かと思

われたが、女子学生ボランティアとのコミュニケーションが楽しかったのか、集合型学習支援に参加するようになった。

2. 家族の基本情報

　2015（平成 27）年度時点で、A さんは中学 3 年生の 15 歳である。祖母は 65 歳、当初刑務所に収監されていた母親は 39 歳である。父親とは死別している。市内及び県内に親戚がいるが、関係性は無い。A さんは戸籍上、祖母が母親となっている。

3. 当初の課題と支援計画

　支援当初のそれぞれの課題とそれに応じた支援計画は、表 8-1 の通りである。

表 8-1　課題と支援計画

家　　族	課　　題	支援計画
A さん	・不登校、学習の遅れ、対人関係をうまく作れない、今後の進路に対してどうして良いか分からない。	・進学に向けて、経済的調整、手続きなどをサポートする。入学までの基礎学力向上のための学習支援をする。母親が帰宅後の精神的なサポートをする。
祖母	・身体的には高血圧、膝痛、頻回に肺炎で入院している等がある。精神的には鬱症状がある。 ・買い物等、身体を動かす家事等ができない。孫を頼りにしていて一人では行動ができない状態である。 ・医療面において、通院、服薬の管理が必要である。	・健康の維持ができるように支援をする。 ・通院を拒み、A さんに薬の受け取りだけを依頼することがあるので、時々は受診できるように支援員が同行する。
母	・刑務所に収監中であり、出所後は同居する予定である。	・薬物依存症があるので、出所後の通院、就労等の支援をする。

4. 支援の展開と経過

支援開始後、Aさんは集合型学習支援に参加するようになり、それ以外の日も支援団体のもとへやってくるようになった。Aさんは大人を信用しない、人に甘えることができないため「試し行動」等が激しく、支援関係構築に支援員はかなり苦労したが、祖母の入院や祖母の精神的課題等の問題を支援員と一緒に乗り越えることで、Aさんと支援員との間に信頼関係が徐々に形成されていった。

中学3年生になってから中学校には行くことができていなかったが、集合型学習支援、子どもたちの居場所作り活動として夜に実施している「よるかふぇ」、作業所のボランティアなどの活動に週3〜5日のペースで参加した。

刑務所内の母親との面会に支援員が同行したことで、今まで誰にも相談できなかったという母親のことも支援員に話すようになった。母親のことは嫌だと言っていたが、支援員からは、母親と一緒に暮らせるようになることを実は楽しみにしているのではないかと感じられた。8月末に母親が仮出所すると思って、Aさんは楽しみにしていたが、急遽変更となり落胆した。11月に予定された出所までにいろいろな準備をしようと支援員がAさんに声かけをしたことで納得し、元気が出るようになった。

支援員がAさんや祖母と話し合いをし、10月中にはサポート体制の整っている高校への入学内定を決定させたいと考え、支援員は保護課ケースワーカーや高校と授業料等について話し合い、検討を重ねた。この頃には表情も明るくなり、社交性も出てくるようになった。我慢や他人への気遣いもできるようになり、対人関係を徐々にとれるようになっていき、Aさんには落ち着きが出てきた。

11月に入り、母親が刑務所から出所し、Aさんと祖母、そして母の3人で同居することとなった。ここからは同居以後の様子についてみていく。

出所後、祖母と母の関係は良好であり、親子関係の再構築は順調に進み始めた。一方で、祖母が母との関係を重視するあまり、Aさんは疎外感を感じることがあった。さらにこの頃、過去の借金返済に加え、年金や児童扶養手当等に関連した経済トラブルが発生し、祖母、支援員、保護課ケースワーカーが

連携して問題の把握と、その解決に向けた支援が行われた。

　母は出所後、家族、地域のキーパーソン、支援員と話し合い、今後の生活の方針を立て、家族や犯罪に対する悔悟の念を持ち反省して涙を流すこともあったが、これまでの行動や再犯の過去から、周囲は「一過性のものではないのか？」と疑問を持たずにはいられなかった。実際、就労準備支援事業参加後も体調不良を理由に1回しか出席しておらず、楽な方へ流れる傾向が強く見られた。

　家族関係においては祖母と母の関係は良好であったが、実の娘であるAさんとの関係はあまり築けておらず、たびたび暴言や家で物にあたる等の行動も見られた。日によって精神状態も不安定であり、病院との連携、症状の把握、受診継続を支援員が行った。

　その後、志望していた高校にAさんが無事に合格し、入学前の週1回のプレ通学に参加するようになった。その際、母は毎週続けてお弁当を作り続け、Aさんに持たすことができたことは親子関係において大きな前進となった。Aさんも高校入学が決まったことで具体的な目標ができ、集合型学習支援では大勢の中で2時間ほど集中して学習に取り組めるようになった。母親の生活の乱れや精神的な不安定さに翻弄されながらも、高校の入学に向けたプレ通学は、毎回休むことなく参加することができた。

　母親は当初予定していた就労準備支援事業には参加するのをやめ、自ら工場でのアルバイトを探し、就労することとなった。家族と一緒に暮らしていける最後のチャンスだと母親は自覚していたが、時には感情的になり、家族に悪い影響を与えることも続いた。

　3月に入り、Aさんは1年半ぶりに登校し、最後の学校給食を食べることができた。卒業式までには、中学校の教諭が何度もAさん宅を訪問した。また居場所になっていた「よるかふぇ」では、支援員と共にAさんの友人が毎週、卒業式への出席を説得し続け、卒業祝いに自分の小遣いで髪の黒染めをプレゼントしてくれたりもした。卒業式の当日の朝まで出席するかAさんは悩んだが、学習支援ボランティアが同行することで出席することができた。Aさんの担任の教諭はAさんの姿が現れたことで涙を流した。卒業式の夜、A

さんは支援員をはじめ、関係者に対して感謝のメールを送り、謝意を示した。

5. 結果の分析

　Aさんは、高校に行きたいという希望を持つようになり、勉強も自主的に始められるようになり、高校進学を決めることができた。誰にも相談できなかったことが話せるようになり、そして信頼できる大人や友人ができ、対人関係を築くことができた。中学校教諭や支援員、一緒に学習支援の場で学んだ友人やそれを支えたボランティア等の支援もあり、中学校最後の給食を登校して食べることができ、そして卒業式に参加することができた。さらに、それまで支えてくれた人たちにお礼の手紙やメール、電話等をすることができるようにまでなっている。

　祖母は支援員による支援によって、転院や服薬していた薬を変えたことから体調が好転した。そして精神的にも明るくなり、Aさんと一緒に出かけることができるようになった。母の出所後の引き取りについて祖母は不安を持っていたが、支援員からの支援を受けることで安心することができ、同居後は祖母と母との間の親子関係の再構築もすることができた。

　母は時には感情的になることもあるが、子どものお弁当を作って支え、そして自ら探してきた職場での就労を2021年10月時点でも継続している。

　図8-1は、Aさんを取り巻く環境を示したジェノグラムとエコマップである。Aさんの背景にある家族が抱える問題（課題）を把握した上で、安心して学び続けられる環境作りをするべき、支援員は他職種と連携をしながら、Aさん本人だけではなく、祖母や母への支援を行ってきている。図8-2は、支援員が家族の状態をアセスメントし、それをスコア化したものの合計点の推移を示したものである。縦軸はAさんの合計点を示し、横軸は祖母と母の合計点を示している。支援が段階的に進むごとに、家族が連動して合計点が上昇しているのが分かる。今回のケースでは、Aさんの不登校の背景にある家族が抱える課題を解決し、特に祖母の健康状態の改善、そして母への生活指導・就労支援等が効果を上げ、Aさん本人を取り巻く環境が改善され、学習成果にまで成果が現れたと言える（図8-3）。

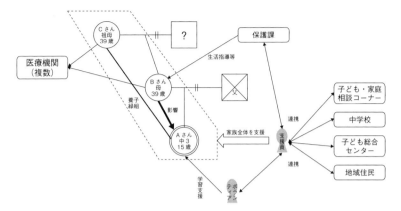

図8-1　Aさん家族のジェノグラム及びエコマップ

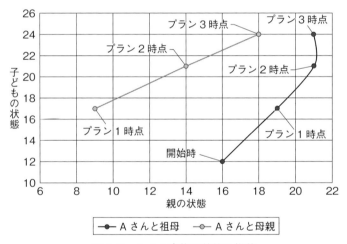

図8-2　Aさん家族の状態の推移

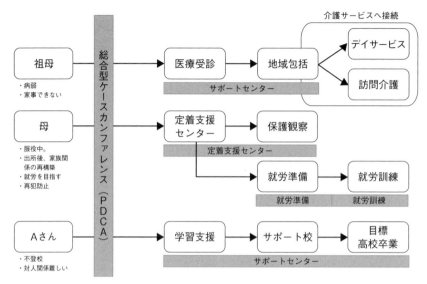

図 8-3 A さんへの支援の流れ図（長期目標を含む）

III. 事例②：父からの DV 経験から家族全員が引きこもり状態 だったが、支援を通して家族の状態が改善されたケース

1. ケースの概要

　B くん（中学 3 年）、C くん（中学 2 年）、D さん（小学 6 年）、母（36 歳）の 4 人は、母子世帯であり、生活保護を受給して生活をしている（図 8-4）。最初は妹である D さんが小学 5 年生から不登校であったため、学力を心配した保護課ケースワーカーより紹介があった。それを受けて、支援員と学習支援ボランティアによる訪問型学習支援が開始された。母親は過去の元夫からによる暴力（DV）により精神的課題を持ち、ほとんど引きこもり状態であった。外出が困難であるということから往診、訪問看護を利用していた。D さんは小学校の担任と合わないとのことだったが、母が子どもたちを学校に送り出せる状態でないこと、D さんが母を心配してそばを離れようとしないことも大きな理由であると支援員は思われた。兄である B くん、C くんも学校に行くことが

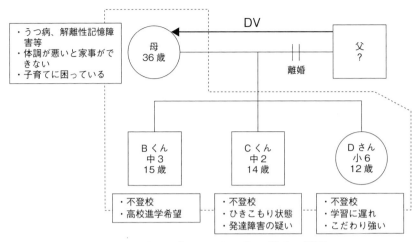

・うつ病、解離性記憶障害等
・体調が悪いと家事ができない
・子育てに困っている

DV

母
36 歳

離婚

父
？

B くん
中 3
15 歳

C くん
中 2
14 歳

D さん
小 6
12 歳

・不登校
・高校進学希望

・不登校
・ひきこもり状態
・発達障害の疑い

・不登校
・学習に遅れ
・こだわり強い

図 8-4　ジェノグラムとそれぞれが抱える課題

できていない様子であった。母としては特に D さんの学習の遅れが心配とのことだった。

2.　家族の基本情報

　母は幼い頃に両親が離婚し、父方の祖母に育てられた。19 歳で結婚するも、元夫からの DV が始まる。20 歳の時に B 君を産むが、その年に離婚をした。21 歳の時に次男の C 君が産まれ、元夫と再婚するもその後再度離婚。23 歳の時に元夫が家を出て行き、家賃を滞納したことで家を追い出された。その後、児童相談所に一時保護された後、妹の D さんが生まれた。5 年後に児童相談所が母子支援施設へ 1 年間保護し、保護終了後は現在居住している市営住宅へ入居した。しかしその後も元夫は自宅を出入りしており、母は精神的に不調状態に陥った。現在は身寄りが無く、そのことに常に不安を抱いており、元夫とは会いたくないが、自分にもしものことがあった場合は子どもたちにとっては父親しかいないため、縁を切ることができずにいる。

　長男の B くんは幼い頃から児童相談所での一時保護、母子支援施設へ入ることがしばしばあった。父からの暴力で骨折の経験もある。勉強、運動共に得

意で、陸上部でも活躍していたが、中学2年の時に不登校から引きこもりになった。しかし高校進学を希望し、中学3年になってからは自力で通学を始めた。

次男のCくんは兄と同様に児童相談所での一時保護、母子支援施設に入った経験を持つ。中学1年途中から不登校、現在はほぼひきこもり状態であり、発達障害の可能が疑われた。中学進学時に就学相談をしたが、本人が友達と同じ中学校に進学して、兄と同じく陸上部に入部したいと希望したため、地元の中学校にした。しかし授業は理解できていない様子であった。

末っ子の妹になるDさんは、幼い頃から兄たちと同様に一時保護、母子支援施設に入った経験を持つ。父からの暴力の経験もある。小学5年生から不登校になり、6年生になってからの登校は1日だけであった。学習に遅れが見られ、紙及び金属が苦手などの強いこだわりがある。

3. 課題と支援計画

支援開始当初のそれぞれが抱える課題と、その解決に向けた支援計画は表8-2の通りである。

4. 支援の展開と経過
（1） 支援開始時点

支援開始当初、母の状態が悪化して家族全員が自宅で引きこもるという事態に陥り、鍵がかかっていて支援員が会えない日が続いたため、保護課ケースワーカーに安否確認を支援員からお願いすることもあった。スクールソーシャルワーカーよる他職種連携型のケース会議が複数回開催されたが、家族の状態はなかなか改善されずにいた。

そのような中、中学3年になった兄のBくんがスポーツ推薦での高校進学を意識し始め、中学校へ登校するようになった。陸上部でも部活動に励んだが、9月の体育祭が終わってから突然不登校になってしまった。

Cくんは、支援員と一緒に釣りに行ったり、学習支援のバーベキューイベントに参加したことなどをきっかけに集合型学習支援にも参加できるようになっ

表8-2　課題と支援計画

家族	課題	支援計画
母	・元夫からのDVによるうつ病、解離性記憶障害等を持つ。 ・体調が悪いと家事ができず、昼間も寝たきりになる。 ・子育てもどうしたらよいか悩んでいる。 ・対人関係を結ぶことが苦手である。	・母親の精神的サポートにより、家族で引きこもることのないように、子どもたちと会うことができるようにする。
Bくん	・勉強、運動が得意だったが、中学2年生で不登校から引きこもりになった。 ・中学3年に入ってから登校できるようになった。	・各機関と情報共有をしながら、Bくんの進学、Cくんの引きこもり状態の改善、3人全員の学習の支援を検討する。 ・訪問型学習支援を続け、いずれは集合型学習支援にも参加できるように働きかける。 ・自宅の衛生状態の改善と共に、子どもたちが最低限の掃除や炊事ができるように働きかける。
Cくん	・中学1年の途中から不登校になった。現在はほぼ引きこもり状態。 ・発達障害の可能性が疑われる。	
Dさん	・小学5年から不登校となった。6年生になってからも1日しか登校できていない。 ・学習の遅れが見られ、紙、金属が苦手などの強いこだわりが見られる。	

た。しかし8月に学校側が予約した就学相談に行くことに抵抗し、親子げんかになったことがきっかけに再び引きこもってしまい、昼間も寝ていることが多くなってしまった。この頃から兄のBくんから弟のCくんに対して暴力があり、Cくんは物にあたり、襖や壁に穴が開いた。

　Dさんは4月に一度登校したが、それ以降不登校になった。夏休みに支援員、母と一緒に宿題を受け取りに学校へ行くのみであった。9月頃から1日中女子プロレスの録画番組を見ており、将来プロレスラーになると言い出した。

（2） Bくんの支援経過

　Bくんは9月の体育祭以降、不登校と引きこもり状態が続いていた。母は中学の先生の訪問を恐れて玄関に鍵をかけて引きこもりがちになった。一方で、自身の体調が悪いにもかかわらず、Bくんに言われてお菓子を買いに出かけることはたびたびあった。

　希望する高校の文化祭、オープンキャンパスへ行こうと支援員が誘うが反応は無く、母親からのメール返信もないことがあった。まだ行ける学校はあることを支援員が母に話したり、支援員が手紙をポストへ入れ続けた結果、12月中旬になって母から電話連絡があり、受験したいという意思表示があった。中学の担任、校長へ支援員がお願いし、受験ができることになり、その日からBくんは登校するようになり、1月には朝学習の時間から登校できるようになった。

　12月にBくんの高校進学を目指すことが決まってからは、母は相当努力して、支援員と一緒に学校へ相談に行ったり、B君を連れて学校へ行ったり、自分で銀行へ行って受験料の振り込みをしたりするように努めた。さらに母は、支援員に対して「入学のための一時金、授業料等が必要になるが、がんばってやりくりする」と語ることもあった。

　12月末にBくんの中学校の校長と担任教諭、Bくんに抱樸の支援員が同席する形で進路に関する面談が実施された。本人は私立高校の推薦入試を希望したが、欠席数が多かったために中学校から高校入試において推薦できないことを言われた。それを受けて担任教諭が指導する形で、私立高校2校の一般入試を受験することを決めた。1月からBくんは中学校へ登校をするようになった。

　2月に入り私立高校を2校受験し、Bくんはすべてに合格した。その後、担任教諭から公立高校の受験も助言されるが、本人の判断により先に合格した私立高校へ進学することとした。3月に入ってからは学費の納付などについて、保護課ケースワーカーと支援員が連携して母親を支援した。特に母親は精神症状が悪く、保護課からの関係書類をうまく扱うことができないといった状態が見られたが、支援員がメールや電話で連絡を取り続けることで、一つひとつ手

続きを進めていくことができた。

　Bくんの卒業式当日、支援員から母へ連絡を入れるが返事が無く、家まで迎えに行くと体調が悪そうでなかなか起き上がることができなかった。行くか、どうするか悩んだが、着替えずにそのまま車で中学校へ移動することにした。到着後、学校側の配慮により車の中で体育館の近くに待機して、支援員だけが式場である体育館に入った。Bくんの卒業証書授与の場面で、支援員が母を迎えに行き、見ることができた。母は体育館に入っただけでガタガタと震えてしまう程であったが、参列できたことを大変喜んだ。後で母から支援員へ「今日は本当にありがとうございました」とメールが届いた。

　その後の高校入学の説明会では、Bくんが急きょ高熱を出して出席することができず、支援員が代行して説明を聞き、教科書の購入も行った。学費納入についても高校側と相談をした。さらに数日後のBくんの高校制服採寸では、支援員が同行した。その際、母も体調があまり良くなかったが一緒に参加し、手続きを進めることができた。

（3）Cくんの支援経過

　Cくんは就学相談の一件から集合型学習支援の参加も、支援員との会話もしなくなった。時々安否確認へ行った際、自宅内にいるが呼びかけても無視した。それまで大好きだったイベントに誘っても参加しなくなってしまい、母によると毎日携帯電話（スマートフォン）でゲームをしているということだった。そのような状態が続いていた1月に、Cくんは母へ「俺って引きこもり？」と聞いてきた。少し危機感を持ち始めたようで、中学3年になる4月からは学校へ行こうかなと話すようになったが、その後も引きこもりを続けた。

　3月に入ってから就学相談で連携していた担当者より支援員へ電話連絡が入り、3月末でいったん支援関係は終結することとなった。その後も支援員が訪問した際にお菓子を届けるなど、Cくんへ声掛けを継続した。Cくんは寝てばかりであった状態から起きてゲームをしたり、支援員とコミュニケーションをしたりするようになっていった。

（4）Dさんの支援経過

　Dさんは相変わらず、毎日女子プロレスの録画番組を観ていた。10月に支援員が訪問した際、支援員がDさんを呼べば荷物を取りに来たり、顔を見せに来ることはあったが反応は薄かった。母の体調が良い時は、日中一緒に買い物に出かけていることも多くなった。小学校の校長によると学校の近くを通った時に、友達や先生に声をかけられると手を振って応じることもあったという。1月になって卒業アルバムの写真を撮りに登校することができた。

　Dさんは2月以降も学校へ行くことはなかった。支援員からの働きかけにより小学校の卒業式への出席を目指すことにした。スクールソーシャルワーカーとも連携して、支援員が同行する形で卒業式の練習へ向かったが、体育館の中に入ったものの皆のところへ入ることは嫌がり、後ろの席に座ってクラスの友達が練習しているのを見学した。担任教諭や同級生に気づかれて声をかけられたが、小走りで体育館の外へ出ていってしまうこともあった。

　しかし、本人は笑顔でうれしそうな様子であった。卒業式当日はDさんと母、そして支援員が同行した。式の前に教室の中に入ろうとしたが中には入ることができず、「式には出ない」と拒否をした。後で教室の中で卒業証書を受け取るということでDさんは納得し、式終了後に教室の中へ入っていった。教室へ校長が来て、Dさんへ卒業証書を直接授与した。同級生や保護者はその様子を温かく見守り、さらに大きな拍手で卒業を祝した。母は人の多い教室の中に入ることができなかったが、離れたところから終始見守り続け、「よくがんばれた」と支援員へうれしそうなホッとした表情を浮かべた。

5. Bくんが高校進学した後の状況

　支援をとおして、母については、困ったときや自分ではできないようなことがあった場合には、支援員に対して連絡をして相談や支援の依頼をすることができるようになった。

　Bくんは、高校で参加しないと言っていた修学旅行に参加することができた。また一時、友人と夜間徘徊や事件を起こすようなことも見られたが、高校2年生の後半に入ってからは、高校卒業を目指して登校することができるよう

になった。

　弟のＣくんは、中学校卒業後に職業訓練校に進学するも、授業についていくことができずに不登校状態となり、そのまま引きこもりとなった。その後、抱撲の支援をうけることによって、まずはアルバイトを始めるための準備に取りかかることができるようになった。

　妹のＤさんについては、中学へ入ってからも引きこもりがちにはなったものの、抱撲の学習支援には参加できるようになった。さらに支援室に通うこともできるようになり、市内の療育センターの医師へ相談をしに行くこともできるようになった。今は必要な支援を受けながら、解決に向けて努力を始めようとしている姿勢が窺える。

6.　結果の分析

　この家族では３月末時点では一定の改善傾向が見られる。Ｂくんの進路決定は大きな前進と言えるが、そこに向けて母親が自らの意思で動けるようになったこと、Ｂくんの卒業式では卒業証書を受け取る姿を母親はその場で見ることが出来た。同時点における弟のＣくんの状態に大きな変化は見られないものの、４月になったら学校へ行こうという意思表示をしており、自己覚知も進んできていると推察される。Ｄさんも小学校の卒業式に関連して登校することができたが、中学校入学後も登校できない可能性が高く、引き続き支援は必要であると考えられる。

　支援員による伴走支援により母親の状態は改善され、またＢくんの状態も高校への進学決定というプロセスの中で状態の改善が見られた。一方で、Ｃくんは就労相談のトラブルなどもあり、12月から３月にかけて下降傾向が見られた。Ｄさんも小学校へいくことができておらず、Ｃくんと状況はさほど変わらない。中学校へ進学してからＤさんが登校したり社会参加するための支援が、今後も必要となると考えられる。

　この家族において生活状態の改善が見られた背景には、支援員による家族全体に対する徹底した寄り添い（伴走型支援）がある。チェックをせず、また、できていないことを責めることはしない。共に考え、共に行おうとする働

きかけと、あきらめずにあらゆるルートを使ってコンタクトをとろうとする姿勢も良かったと考えられる。

　一方で、このケースから見えてくる課題は学校側の抱える支援する力の限界である。これは教育という専門性における当然の限界であり、それは決して非難されるものではない。むしろ、教育と福祉の限界を相互に補完するような支援関係こそが重要であろう。例えば一般論として、学校教諭が「親なのにちゃんとしろ」や「こないだ言った（指示した）から、今日はチェックしに来た」という発想を持ってしまうようなことはないだろうか[34]。しかしこれは、教育という専門性から、どうしてもそのように発想してしまうこともあるのではないか。社会福祉の立場からは「親なのにできないのには、何か理由があるはず」と考え、「チェックではなく一緒にやる」というケア（福祉）的発想をして対象を理解しようとする。本事例では、このケア（福祉）的発想から見えてくる家族の課題に対して、教育と連携して家族が生きていける、将来につながる、希望が持てる、そんな支援を展開することができたケースであったと言えるだろう（図8-5）。

　この支援対象世帯は複数年にわたる継続的な支援を行っているが、その結果として自立や子ども3人の状態が劇的に変化したとか、そのような大きな家族の状態変化が見られないケースである。4年間の支援を通して、何か状態が大きく改善し、自立や見守りへとステップアップしたというわけではない。むしろ、4年間、状況としては大きくは変化しているとは言えない。しかし、各人の状況に目を向けていくと、まずは支援を受けられるようになってきており（受援力の形成）、いわゆる「セルフネグレクト」状態から脱することができていると言える。

　家族が失った「生きていくための力」（家族の生活機能）の再獲得には、非常に大きな時間がかかる。だからこそ、学齢という区切りではなく、家族を丸ごと全体捉えることを通して、そして複数年にわたって継続的に支援を行い、家族の「生きていくための力」の獲得（エンパワメント）ができるという可能性を示している。

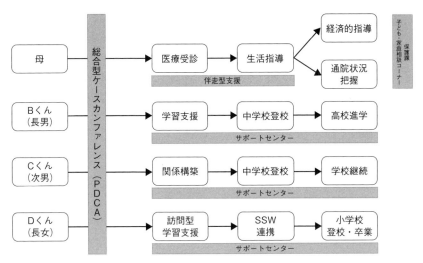

図8-5　家族全体の支援の流れ図

IV．事例③：生活困窮世帯の子どもが大学へ進学することの難しさを示したケース

1．ケースの概要

　Eさんは高校3年生で、大学進学を希望している。生活保護受給世帯であり、母親は精神疾患を持っている。現在は祖母とともに生活をしているが、祖母は再婚相手の母（祖母から見て義母）の介護で忙しい生活をしている。そのような状態を心配した保護課ケースワーカーから、「抱樸」へ紹介されてきたケースである。

　ケースワーカーからの紹介を受けて7月に支援員が祖母へ連絡を取り始めるが、なかなか連絡がつかなかった。10月になってようやく連絡が取れた。連絡がなかなか取れなかった理由は、祖母の再婚相手（Eさんからみると継祖父）が倒れてしまい、入院したことによって混乱していたということだった。

　Eさん本人は高校で軽音部に所属していたが、大学進学を目指して部活動を引退し、毎日、市内のユースステーションにて自習していた。10月末にEさ

んと祖母から支援員へ電話があり、一度、学校が早く終わる日に集合型学習支援に参加し、学生ボランティアと話をしたり、今後の相談をすることとなった。

2. 家族の基本情報

　Eさんたちの家族関係を示したものが、図8-6である。この家族は生活保護受給世帯[35]である。Eさんは地元の公立高校へ通っている3年生である。大学への進学を希望しており、大学で困っている人を支える学問を学びたいと考えている。母は精神疾患を抱えており、Eさんとは離れて一人で生活をしている。Eさんは祖母宅にて生活をしている。

　祖母は現在、再婚相手が入院したことと再婚相手の母の介護で忙しいが、Eさんの大学進学についてはどうしたらよいかと不安である。大学進学となると生活保護の枠から外れるため、進学費用だけでなく生活費も含めて先行きに

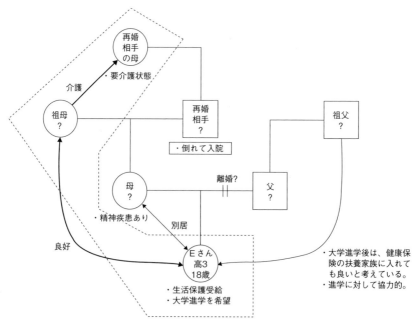

図8-6　ジェノグラムとそれぞれが抱える課題（支援当初）

不安を抱えている。Eさんの父方の祖父等は、Eさんの進学に対して協力的な態度を示している。

3. 課題と支援計画

　支援開始時点における、それぞれが抱える課題と、それに対する支援計画については、以下の通りである。11月から支援が開始されたということで、まずはEさんが大学受験で合格することが優先的事項とした。それに伴う学費や生活費の確保等については、保護課ケースワーカーと連携しながら適宜進めていくこととした。

表8-3　課題と支援計画

家族	課題	支援計画
祖母	・再婚相手の母（義母）の介護で忙しい。	・必要に応じて、大学進学についての相談を行う。 ・入学後のEさんの学費、医療保険、生活費等をどうするのかを相談。
母	・精神疾患がある。	
Eさん	・大学への進学を希望している。	・ボランティア活動参加のためのサポート（帰宅の交通手段がなくなるため支援員が送る等）。 ・集合型の学習支援の場にて学生ボランティアと共に、受験対策を行う。 ・進学後は学生生活のサポートを行う。

4. 支援の展開と経過

　11月より支援が開始された。まずは集合型学習支援に参加し、今後の相談をした。第一志望は費用面から県内の大学であり、学生ボランティアに相談に乗ってもらって二次試験対策についてアドバイスを受けた。

　1月に入り、ユースステーションにて友達と受験勉強に励んだ。そこへ学生ボランティアが顔を出し、コミュニケーションをとったりしながら共に受験勉

強に取り組んだ。センター試験終了後は第1志望の受験対策を進めながら、第2志望の大学をどうするのかを支援員や学生ボランティアと相談をした。高校の先生からは別の大学を受験することもすすめられた。本人としては、できれば自宅からの通学を希望していた。受験勉強の合間を縫って、「抱樸」の炊き出しやパトロールのボランティア活動にも参加した。

2月に入り集合型学習支援の場で、学生ボランティアと第一志望の大学の受験対策を行った。さらにボランティア活動に継続的に参加することで、自信を持つことができるようになった。高校の卒業式の後、第一志望の試験結果が出た。結果は不合格であった。しかし本人は第二志望に照準を合わせ、学生ボランティアもともに受験勉強に取り組んだ。

その後、第二志望の大学を受験して合格した。精神症状の悪化した母も、大変喜んだ。しかし、入学手続きに必要な費用負担については、奨学金が支給される前に支払う必要があるにもかかわらず、生活保護の支給対象外であり、預貯金も不足するという問題があった。これについて支援員が保護課ケースワーカーと連携して解決策を検討したが、結果的に母方の叔母による経済的支援を受けて、奨学金を受給するまでの学費等の納付を行った。世帯分離に伴う健康保険については、父方の祖父の扶養家族とした。住居は大学が設置している学生寮に申し込み、入居することができ、叔母や家族の協力を得て祖母の家から学生寮へと転居した。

5. 結果の分析

今回のケースでは、大学進学を希望しているEさんが、経済的理由から塾などへ行くことができていなかった。またEさんは、大学受験に必要なコミュニケーション能力が不足していた。しかし、学生ボランティアとともに受験対策を考え、またボランティア活動に参加することを通してコミュニケーション能力を向上することができ、そして大学に合格することができた。いわば、「経済的な理由から塾に行けなかった子どもへの無料塾」として学習支援が機能したようにも考えられるケースである。

しかし、このケースを通して見えてくるそれ以上に重要なことは、①生活

保護受給世帯に属する子どもが高校卒業後に大学進学を希望した場合、「就労意欲が無い」と判断されて、世帯分離をしなければならなくなるという点である。そして同時に、②奨学金が支給されるよりも前に入学手続きとして高額な費用が必要であり、そのような経済的負担能力が無ければ、そもそも入り口にすら立つことができないという点である。

　①については、生活保護制度が大学進学を「健康で文化的な最低限度の生活水準」として認めていないということを示している。しかし、本当に自立を求めるのであれば、また本人に大学へ進学するだけの意欲と学力があるのであれば、そして、高等教育機関への進学率が高まっている社会的情勢を踏まえて、その基準の見直しが必要であると言えよう。

　②については、お金が必要なタイミングと、お金を受け取れるタイミングのズレ（時間差）がもたらす経済的問題である。このケースでは、幸いにも叔母がEさんに貸し付ける形で何とか支払うことができた。しかし身寄りが無かったり、あるいは経済的に支援してくれるような親族等がいなかった時、「学費を払うために必要な奨学金を受け取る」前に大学へ入ることをあきらめなければならないのである。これは大変大きな矛盾である。順番を少し入れ替えるだけで、進学への可能性は大きく変わる。

　例えば、経済的に先に学費等を支払うことができない場合は、奨学金支給まで納付を延期する。あるいは奨学金の支給を大学合格のタイミングで行う。さらには合格した場合、バウチャーのような券を発行し、それを大学側へ提出することで後日奨学金が大学へ直接支払われるようにするなど、制度的かつ事務的な工夫をすることで解決は十分可能であろう。大学進学率が高くなってきている社会情勢、さらには大学進学をすることで将来の自立や職業選択の可能性が広がる点を踏まえると、生活保護制度が大学進学までを視野に入れて扶助を支給したり、あるいは奨学金制度と学費納入制度の連携をしたりするということは、新たな課題として検討と対応がなされるべきだと考える。

Ⅴ. 事例④：家族内で孤立し精神的に不安定になっている母親と
不登校状態にある子どもへ一体的な伴走支援を行った事例

1. 事例の概要

　Ｆさんは高校２年生の女子で、現在は通信高校へ就学している。中学生の頃から不登校傾向があったが、中学２年生の担任教諭の支援により市内の公立高校へ進学を果たした。しかし高校進学後、授業での集団行動に対する苦手意識から高校へ登校することが苦手になったことからそのまま不登校となり、そして１年の１学期で退学をした。その後、世帯が公的機関のソーシャルサポートネットワークサービス（自立相談）を活用していたことから、サービス担当のワーカーの働きかけによりＦさんは県内の通信制高校へ編入をした。

　通信制高校へ進学後、アルバイトにも挑戦するが続かず、高校のスクーリングにも行けなくなって引きこもり状態となったため、学年末である３月に、ネットワークサービスの担当ワーカーが「抱樸」へ電話連絡を入れ、訪問型学習支援の提供依頼の相談をした。

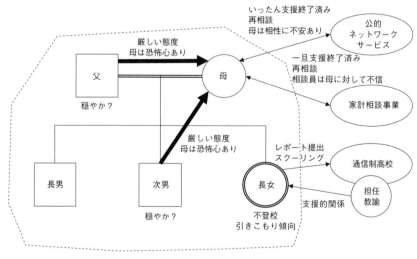

図8-7　世帯のジェノグラムと社会資源との関係性

　ネットワークサービスの担当ワーカーからの相談を受け、支援員がＦさん世帯に訪問するべく電話をしたところ、母が電話に出た。当初はとても暗い声で、はっきりとした会話がしにくい様子であったが、訪問については受け入れをした。その後、支援員による家庭訪問となったが、Ｆさん本人と面会を希望するが、寝ていて面会ができなかった。母のみでも面談ができないか提案したところ、場所を変えて支援員と母で面談を行った。

　この面談での母の話によると、過去に母自身が次男の奨学金を使い込んでしまったことがあること、現在は父の収入と長男の年金では生活が厳しいとのこと。家計相談にもつながっていたが、現在は次男が家計を担っており、母が自由に使えるお金が無いとのこと。現在、夫と次男から暴言、暴力があって恐怖感を持ち、落ち着いて眠ることもできないとのことだった。母の両親も厳しく、母自身もかっとなって暴言暴力が出てしまうことがあるとのことであった。精神科クリニックに通院して服薬しているが、なかなか感情のコントロールができない状態とのことだった。Ｆさんについては、スクーリングに行けないことが課題であり、母がついていかないと登校することができないでいた。Ｆさんが不登校状態にあることで、父からも責められている。支援員はまずは集合型学習支援に参加することを提案した。

2.　支援の経過

　Ｆさんは集合型学習支援に参加することとなったが、４月から５月にかけては本人の調子も悪く、参加することができなかった。この間、母から支援員へ電話連絡が入り、父と次男から厳しくあたられていることでつらいという相談があった。支援員は通信制高校のサテライト会場で開催されている学習会へ訪問し、担任教諭と面会、今後の支援の方向性などについて確認、意見交換を行い、支援的関係の構築を行った。

　５月中旬に、スクーリング授業に参加するために、Ｆさんに同行支援を行った。学校に着くとやや緊張した様子であったが、一人で授業に参加することができた。当初予定のすべての科目に出席することはできなかったが、それでも３科目に出席することができた。帰り道もスムーズで、支援員と別れる際に、

Fさんは「今日はありがとうございました」ときちんと挨拶をすることができた。その3日後、高校の担任教諭より支援員へ電話連絡が入り、出席した証明のカードが未提出であること、レポートがこの数か月間全く出ていないことなどの連絡があった。担任教諭によると、「Fさんが高校での学習システムを理解していない可能性があるのではないか」とのことであった。数日後、家庭訪問をしてこの件について支援員がFさんへ伝え、今後の高校での単位取得に向けた方向について確認した。同席した母は、スクーリングへ一人で行かせることに不安を持っていた。ただし父は、Fさん本人が「一人で行ける」と伝えたら許可したとのこと。母が許可できない様子であった。

5月末、サテライト会場にて担任教諭と支援員で面談が行われた。先日の学習システムへの理解について報告をした。担任教諭からは、「学校から登校を促したりはしない。自覚を持って自分のペースで学習を進めればよいので、何年かかっても大丈夫。10年かけて卒業した生徒もいる」ということであった。Zさんのペースで単位を取得していくことを支援するとのことであった。

その後も母から何度か支援員へ「父と次男から厳しく接せられ、恐怖を抱いており、落ち着いて眠ることができていない」と相談が来た。ネットワークサービスのワーカーに支援員は連絡を取り、家計状況について確認をした。世帯の合計所得としてはそれなりの額があるが、どうして家計が苦しいのかは、母は明確に説明することができない。食費がかかると言うが、母自身が浪費していた様子だった。これを受けて支援員は家計相談の相談員へ連絡をした。この担当相談員によると、「父や次男は穏やかな人で、母に問題がある。（父や次男から：筆者追記）話半分に聞くようにと言われた。母が体調を回復することで、家族も変化が期待できるのではないか」とのことだった。母に対して自立準備訓練を利用することも視野に入れて、支援を行うこととなった。

6月に入ってからも、母から支援員へ家族関係の悪化について複数回連絡が入った。次男が家にいることが多く、そのことから眠れずに疲れており、昼夜逆転した生活になっているとのこと。食生活も乱れており、3食食べることができていなかった。

6月末にFさんの担任教諭が「抱樸」の事務所を来訪し、レポートの不足

数、スクーリング日程、テスト日程等について詳細を支援員に伝えた。Ｆさん
の様子としては、最近、いくつかレポートが急に提出されるようになってお
り、がんばっているとのこと。しかし、「まずは単位取得をすることができれ
ば励みになり、取得のコツをつかめるだろう」ということで、今期で単位取得
するための科目を2科目に絞った方が良いとのことだった。これを踏まえ、今
後も継続的にスクーリングへの同行支援等を行うことを確認し、その後、Ｆさ
ん本人へも支援員からその旨が伝えられた。

3. 考　察

　まず、本事例における状態像について先述のスコアの変化から見ていくこ
とにする。図8-8に示したように保護者である母のスコアは、支援前は29.5
点と低かったが、その後の支援によって54.5点まで上昇している。一方で子
どもであるＺさんのスコアは、支援前、新学期にかけて上昇したものの、支援
の終結期にあたる7月には50.0点へ下降している。

　母親の生活状況が大きく改善したのは、トラブル対応と日常の良好な関係
性づくり、そして社会参加が見られたためである。特に父と次男との関係を中
心とした家族関係の悪化の改善に向けて、支援員が他の支援機関と連携しなが
ら進めることができた点は、とても重要な点である。

　Ｆさん本人に関しては、スクーリングへ一時出席するなどができたが、6月

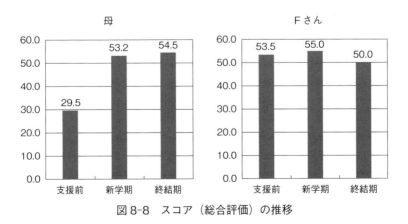

図8-8　スコア（総合評価）の推移

から7月にかけて出席することができなくなったり、学習について行けなくなったりしたために、全体的にスコアが低下してた。このような支援を行っていく中では、支援対象者の状況は一方的に上昇傾向にあるわけではなく、ケース単位で見ていくと、揺り戻しを繰り返しながら、徐々に改善する方向へ進んでいくと捉えるべきである。

　さらに、本事例では、保護者と子どもを一体として捉え、他職種連携の下、総合的な支援を展開した事例でもある。Fさんが卒業するまでには、多くの時間を要するかもしれないが、チームアプローチによる継続的な世帯への一体的支援を通して、家族関係の修復とそれに伴う家族機能の回復（エンパワメント）、そしてFさん本人の自立と成長が促されると考えられる事例であった。

Ⅵ. 事例⑤：進路選択における学習支援から高校入学後における登校同行支援まで継続的な伴走型支援を展開した事例

1. 事例の概要

　Gくんは高校1年生の男子で、支援開始時点では中学3年であった。支援に至ったきっかけは、市内で不登校児童・生徒への支援を行っている少年支援室の担当支援員から、Gくんが通学している中学校で、11月にケース会議を行うので、NPOの支援員に出席してほしい旨の連絡が入ったためである。その理由としては、中学入後は不登校が続いていたが、3年の9月から少年支援室及び中学校へ登校できるようになったため「今、登校できているうちから関わってほしい」（支援記録より抜粋）ためであった。この段階では進路決定が課題であり、Gくんの希望としては「Z高校へ行きたい」とのことであるが、その理由は「友達が行くから」という安易な理由であった。また、学校側の見立てとしては学力が低く、志望している高校への進学は難しいであろうとのことであった。

　このケースカンファレンスを踏まえて、支援員は少年支援室にてGくん、保護者である母親と面接を実施した。Gくんは口数が少なかったが、母の話に

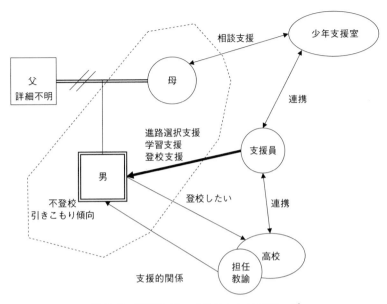

図8-9　世帯のジェノグラムとエコマップ

うなずいたり、支援員に対して笑顔を見せることができた。その後、11月末に再度面接を行ったが、その際に学校へ行けていないことが分かった。そこで学習支援の利用を提案してみたところ母は興味を持ち、Gくんも母と一緒であれば参加してみたいとのことであった。

2. 支援の経過

　支援員は少年支援室、中学校と密に連携しながら進路選択の支援を行った結果、GくんはY高校へ出願することを決めた。1月には集合型学習支援へ参加するようになり、高校受験に向けた作文対策を行った。この頃になるとGくんは支援員にも慣れ始めていたが、母が一緒ではないことから不安な様子ではあった。しかし、支援員から次週も参加するか尋ねたところ、「うん」と答え、取り組みへの前向きな意欲が感じられた。その後、志望したY高校を受験し、無事に合格した。この間も支援員は少年支援室と中学校とは密に連絡を取り合いながら連携してGくんの支援にあたった。

　3月に入り、Y高校進学へ向けた準備とともに、Gくんが卒業式に参加したいという希望があるため、それに合わせ中学校と連携を行い、卒業式へ参加することができた。

　4月の新学期を迎え、まずは学校通学の練習を支援員同行で行った。通学時間は1時間程度かかるが、Gくんは「バス通学は負担ではなく、中学校の時よりも楽しみである」とのことだった。入学当初は一人でバス通学をすることができたものの、4月中旬に母へ電話連絡をしたところ、Gくんは朝起きて制服には着替えられるが、学校には行くことができていないとのことだった。2日後、支援員が家庭訪問を行い、Gくん本人から様子を聞いた。本当は行きたいけれど、行くことができておらず、自分でも落ち込んでいるということであった。誰かのサポートがあれば、学校まで行けるのではないかと考えており、バス停までではなくて学校まで一緒についてきてほしいとのことであった。

　これを受けて支援員は、登校支援を目的として何度も家庭訪問を行い、Gくんの様子を見ながら同行支援を行った。その結果、昼から高校へ登校できるようになり、徐々に登校に向けてGくんが動けるようになっていった。5月末には高校で行われた体育祭に見学の形で参加した。競技に参加することはできなかったが、テント下に座ったり、ゴールテープ係をするなど、Gくんなりの関わり方をすることができた。母も「役割を与えてもらえたことで体育祭に参加することができ、良かった」と支援員に話した。6月以降も、中間テストを中心として登校支援を複数回実施した。7月には、学習支援事業の一環として、田植え体験に参加することができるまでになった。

3. 事例の考察

　本事例においてどのような支援が行われたのかを、支援記録から数値化して分析を進めていくことにする。表8-4は支援内容別に、各月に行われた支援時間数（単位：分）を集計した表である。最も支援に時間を費やしたのは、登校支援であった。2月に卒業へ向けた登校支援が行われているが、注目すべきは4月中旬に不登校が分かってからの登校支援である。登校できなかった日もあったが、支援記録によれば合計18回同行し続けることによってGくんの力

表8-4　支援内容別に見た各月の支援時間数（単位：分）

支援内容	11月	12月	1月	2月	3月	4月	5月	6月	7月	総計
登校支援				70		165	221	210		666
社会体験									540	540
学習支援		60	210	60						330
支援室との連携		20	25	50	20					115
家庭訪問	30	30			0	20				80
ケース会議	60									60
高校見学			60							60
初回面接	60									60
保護者へ現状確認			15	15	20		5			55
中学校との連携			40	10						50
高校との連携			10			15				25
家庭訪問の確認					10					10
子どもへ現状確認								10		10
総計	150	110	360	205	50	200	226	220	540	2061

を高めることができ、徐々にではあるが登校へと結びついていっている。社会体験については田植え体験への参加のために遠方へ終日参加したため、540分（9時間）の長時間となっている。そして次に長く支援していたのが12月から2月の高校受験対策としての学習支援であった。

　本事例の支援でのもう一つ着目すべき点は少年支援室、中学校、高校、そして保護者である母といった、Gくんを取り巻く社会資源・人との連携による環境へのはたらきかけを挙げることができる。図8-10のように各支援の回数と平均支援時間を見てみると、「支援室との連携」（13回）、「保護者への現状確認」（8回）、「中学校との連携」（5回）、「高校との連携」（3回）であった。これは、全62回の支援の内、合計29回が連携に関する支援であり、約半数の46.8%となっている。Gくんへの個別支援と同時に、Gくんを取り巻く環境へのはたらきかけを通して、個と環境の一体的支援を行っていたと言える。

　生活スコアからその支援を検討すると、母については78.3%と高めの点数で安定していた。これに対してGくんのスコアは58.5点から72.3点へと上昇し

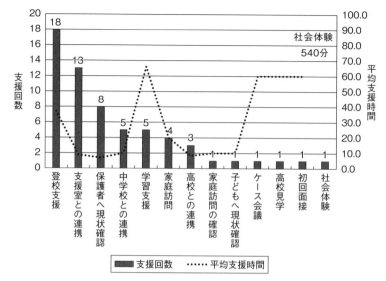

図 8-10　各支援の回数と平均支援時間（単位：分）

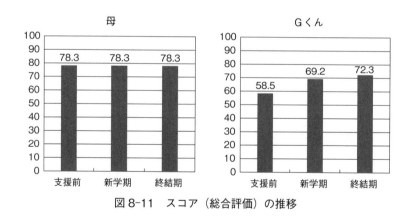

図 8-11　スコア（総合評価）の推移

ている（図8-11）。不登校の改善傾向、良好な関係性の構築などにおいて改善
が見られた。Gくんのような事例の場合、寄り添い、連携しながら総合的な支
援が必要であり、今回のような支援がなかった場合、Gくんの自助努力のみで
高校進学後の困難と向き合うことができた可能性は、低かったのではないかと
考えられる。

VII.　事例⑥：支援される側から支援する側へと成長したケース

1.　事例の概要

　H さんは、中学 3 年生から高校進学、そして高校卒業まで、複数年にわたって継続的に支援を利用してきた。そんな H さんの支援開始時の状況は、父、母、本人、弟（小 6）、弟（幼児）の 5 人家族であった。父は就労しているが、母は体調が思わしくないために就労できず、生活保護を受給しながら生活をしていた。H さんが中学 3 年生の時に、高校への進学を希望したが、経済的理由から塾に通うことができないでいた。また、中学校時代に不登校も経験していた。担当していた福祉事務所ケースワーカーの紹介で抱樸の集合型学習支援に参加するようになった。その後、2 人の弟も学習支援、社会参加支援に参加するようになった。

　H さんの状況としては、中学校でのいじめがきっかけで不登校になった。市内の不登校児童・生徒を支援する支援室（適応指導教室）につながったが不登校は解消されなかった。その後、内臓の疾患があったことを理由として地域の学校から特別支援学校へ転校し、その後は通学できるようになった。アニメが好きで、絵を描いたりすることが趣味であった。

2.　アセスメントと支援計画

　H さんへのアセスメントの結果、思い込みが強く、友人や教師との関わりの中で被害妄想的な考え方をする傾向があり、結果的に孤立することがあり、仲の良い友人はいない。自分での意志決定が難しく、父に依存する傾向があり、中学校卒業後の進路についても二転三転していた。また、高校卒業時においては、内臓疾患があるために職種や勤務時間に制限があり、適切な条件の就労先を見つける必要があった。

　これに対する支援方針としては、①基礎学力を獲得する、②（中学在学時）高校への進学と安定した高校生活がおくれるようになる、③（高校在学時）高校を卒業し、その後は就労して継続してはたらけるようになる、という方針が

立てられた。支援内容としては、集合型学習支援や社会参加支援に参加し、高校進学に向けた進路指導を行った。さらに高校進学後は、進路相談などを主に行い、高校卒業後は、就労準備支援を中心として支援を行った。

3. 事例の経過

まず中学から高校へ進学する頃であるが、高校に進学後は、安定した生活を送れるようになった。友人関係や教師との関係で悩むこともあったが、「抱樸」支援員や学習支援ボランティアに悩み事を相談しながら登校を継続し、高校を無事に卒業するまでに至った。高校卒業前段階では、進学を希望していた。しかし経済的理由から両親に反対され、進路希望を就職へ変更をしたが、介入的支援を行うことにより、Ｈさんも納得して次の目標（就職）を立て、そこへ向けて行動することができた。

高校卒業後、コンビニエンスストアでアルバイトを始めたが、状況としては不安定な状態が続いた。その後支援方針を転換し、「抱樸」内の事業所にあるレストランにて、就労支援事業により職業訓練アルバイトをしながら、パソコン練習などにも参加し、一般就労に向けて訓練に取り組んでいる。これと同時並行で、集合型の学習支援ボランティアとして参加し、小学生の世話係や、不登校にある中学生の相談にのったりするなど、子どもたちを支援する側のボランティアとして、継続的に「抱樸」の支援事業に関わっている。

4. 事例の考察

この事例では、中学３年から高校卒業までの、合計４年間にわたる継続的な支援によって、高校卒業後は支援する側の学習支援ボランティアの一人へと成長したケースである。継続的支援によって高校進学後の２つの山、すなわち①高校の友人や先生との人間関係の悩みと、③高校卒業後の進学希望が叶わなかったことの２つの山をしっかりと乗り越えることができた。いずれも、高校進学で支援が終わる事業スキームではなかったことにより、本人も納得して高校卒業後のライフコースを選択することができた。

このような継続的支援によりＨさんのエンパワメントが進み、学習支援は

本人にとって居場所であり、そして社会と関わる場所へと変化した。それが支援される側から支援する側への変化へとつながったと考えられる。さらに、当事者として不登校や学習支援を経験してきたからこそ、学習支援ボランティアとして子どもたちの世話や、あるいは不登校状態にある子どもたちの相談にのったりするという、いわゆる「斜め上の関係性」と言われるような、「少し大きなお姉さん」としても活躍できるようになったと考えられる。このようなケースは、継続的支援ならではの成功事例の１つであり、モデルケースでもあると言える。

VIII.　事例分析を通して得られた知見

　事例①では家族関係の再構築という子どもの環境への働きかけも同時に行っている。事例②についてもうつ病の母、そして不登校傾向にあった妹・弟にも支援を行い続けている。そして事例③では祖母も含めて支援を行うことで大学へ進学することがかなった事例である。これら事例①〜③から言えることは、家族も視野に入れた支援体制の重要性である。学習する場の提供だけでなく、個人を取り巻く環境としての家族システムへも働きかけることにより、自己実現が図られることを示している。

　事例④〜⑤から言えることは、個と環境を一体的に捉え、総合的かつ包括的な支援を行う伴走型支援によって、高校中退防止に向けた取り組みは効果を上げていると言える。ただしそれは、非常に細かい支援であり、かつ領域にとらわれない幅広い関係者との連携が求められるものである。それは支援員の業務の多忙さを極めることへと結びつく。その克服のためには、支援員もまた、チームアプローチによる抱え込まない支援が展開できるだけのスキルが求められているとも言えよう。

　事例⑥では長期的に関わることを通して、支援を受ける側から支える側へ移ることができることを示している。細切れの支援ではなく、総合的かつ長期的な支援がいかに必要であるかが分かる。長期的な支援という点では事例②と⑤も同様である。複数年にわたって「抱樸」が継続的に関わってきたからこそ出

せる成果が、これらの事例から明らかとなったと言える。

　子どもが高校へ進学したら支援は終わりではない。学校の環境が変わっても継続的に支援が必要である。不登校を経験した子どもが、高校へ進学したら突然問題無く高校へ行けるとは限らない。また引きこもり・不登校支援、そしてDV対策においては、長期にわたった支援が必要である。さらに、就労までを視野に入れた継続的支援を行うことにより、特に若者の就労率は上昇していく。子どもたちが大人になり、自立した生活が営めるようになるまでを視野に入れた支援が必要であり、そのためには長期的な継続性を持った支援体制の構築が必要である。

第9章

支援記録に基づく支援内容の計量的分析

I. はじめに

　NPO法人抱樸の子どもの支援に関わる支援員が作成した、2016年11月から2017年7月の支援記録のデータベースを基に、計量的分析用にデータベースを再構築した。その際、支援対象者を特定できるような個人名などは匿名化した。支援対象は21ケースであったが、支援記録の分析として活用できる記録はその内の18ケースであった。この18ケースの支援記録を基に、支援の内容について分析を進めていくこととする。

II. 使用データ

　先述のように使用した支援記録の期間は、2016年11月から、直近の2017年7月までとした。18ケース、総レコード数は472、支援延時間は19,774分（329時間34分）、支援延回数は472回であった。

III. 分析結果

　図9-1は、月別に見た支援時間（単位：分）である。最も多かったのは2月であった。これは年度末ということで、進路選択や進級に向けたさまざまな支援が必要となったことが理由として挙げられる。特徴的なのは、新学期を迎

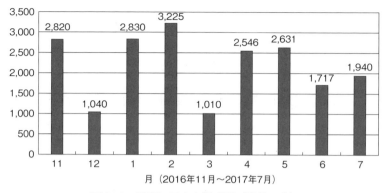

図 9-1　月別に見た支援時間（単位：分）

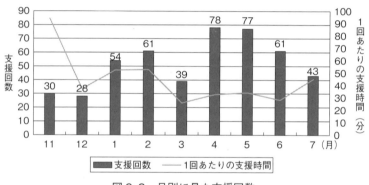

図 9-2　月別に見た支援回数

える 4 月から 5 月にかけて支援時間が増加傾向にある点である。新学期を迎え
て学習環境や生活環境に変化が見られる時期に、支援が必要となることが多い
ことを示している。

　図 9-2 は、月別に見た支援回数と、1 回の支援あたりの平均支援時間（単
位：分、式：支援時間÷支援回数）を示したものである。11 月は 1 回あたり
の支援時間が長くなっているが、これは 11 月に 1 回で 360 分から 480 分の長
い時間支援を行った記録が含まれているからである。その内容としては、児童
福祉施設への同行や、家族内の関係悪化への対応などを挙げることができる。

　4 月から 5 月については、新学期による環境の変化に伴って支援回数は大き

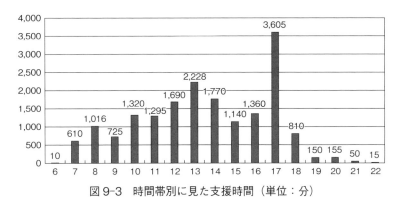

図 9-3　時間帯別に見た支援時間（単位：分）

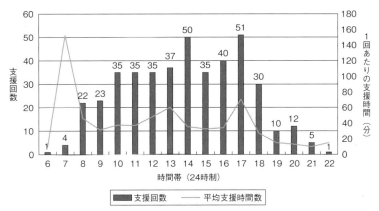

図 9-4　時間別に見た支援回数及び 1 回あたりの支援時間数

く増加している。この中に関係機関とのケースカンファレンスが 4 回含まれており、いずれも 120 〜 180 分程度の支援となっている。

　図 9-3 は、支援を行った時間帯（開始時間）別に、支援時間の総数を示したものである。最も多いのは 17 時で、その次は 13 時である。概ね、ピークが午後に寄っていると言える。子どもが登校できている場合、下校後に支援を行うことになることから、17 時台が多くなっている。また、その支援の時間帯も朝の 6 時から 22 時までと非常に幅広く、支援が保護者や子どもの生活全般に関わっていく以上、このような幅の広さになると考えられる。

　図 9-4 は、先と同じく時間帯別に見たもので、支援回数と 1 回当たりの支

援で要した時間を示している。これで見ても午後にピークがあり、17時が最も多くなっている。また、1回あたりの支援時間も長い。7時の支援時間が約150分になっているのは、4回中1回が通信制高校のスクーリング授業への受講のための同校支援を終日行ったため、600分の長い時間の支援記録が含まれているためである。

図9-5は、支援形態別にみた支援延べ時間である。最も多かったのは同行支援であった。また電話による声かけ、見守りは、メールよりも多く時間をかけていた。

図9-6は、図9-5をより掘り下げたものである。支援形態別に回数と1回当たりの支援時間を示したものである。回数としては電話による対応などが最も多い。しかし、1回あたりの支援時間としては、同行が131.3分と最も長く

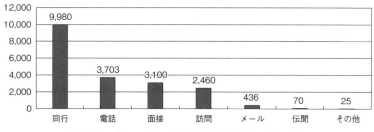

図9-5 支援形態別に見た支援時間（単位：分）

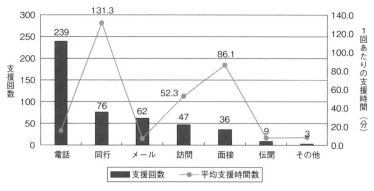

図9-6 支援形態別に見た支援回数と1回あたりの支援時間

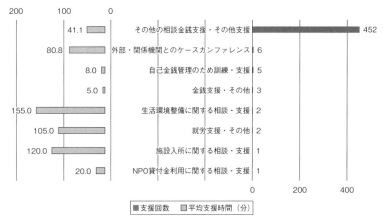

図 9-7　支援形態分類別に見た支援回数と平均支援時間（単位：分）

なっている。次いで面接が86.1分、訪問が52.3分と続いている。保護者や子どもが何かを行うために寄り添う同行は非常に重要な支援であり、毎回2時間から2時間半程度は必要であることを示している。また、面接は概ね90分、世帯への訪問は60分ほど必要である。ここから、支援に必要なおおよその時間の目安を立てることができよう。

　図9-7は、支援形態を更に小分類して、各項目の支援回数と平均支援時間を示したものである。最も多かった支援は「その他の相談金銭支援・その他支援」という項目で、ほとんどがこれにあたる。内容としては同行支援や学習支援などがこれに含まれる。いわば伴走支援のコア支援にあたる部分である。

　一方で支援1回あたりの時間は、「生活環境整備に関する相談・支援」が155.0分と最長である。これは、家族関係の悪化に伴う暴力（DV）に関する対応が求められた支援であったため、長時間にわたっている。

　次いで、「施設入所に関する相談・支援」が120.0分である。これは先の「生活環境整備に関する相談・支援」で対応したのと同じケースである。家族関係の悪化から、児童養護施設への入所を選択し、そのための支援である。そのために長い時間の支援となっている。

Ⅳ. 小　　括

　このように、高校中退を防止することを目的とした支援ではあるが、その内容としては日常の細々とした相談対応や学習支援、社会参加支援であった。そして、それ以外にも非常時対応として家族関係への介入や、場合によっては世帯分離を視野に入れた施設への入所も視野に入れた支援を行っている。特に、保護者や子どもへ寄り添った支援に最も時間を割いており、相談対応だけではなく生活援助とも言えるケアの部分の支援が行われていたことは、注目に値する。

第 10 章
高校中退防止への取り組みとその到達点

I. 早期支援の必要性とその仕組み

　地域連携による高校中退防止及び社会からの孤立を防ぐに取り組むべき社会的背景には、高校中退者数及び中退率の下げ止まりを挙げることができる。図 10-1 のように、高校中退者数はピークの 77,027 人（2006 年度）から減少を始め、2013 年度に一度増加が見られたが、2018 年度ではピークの約 3 分の 2 となる 48,594 人へ減少している。これをすべての高校在籍者数を分母として中退率（%）を計算し、その推移を見てみると、ピークは同じく 2006 年度

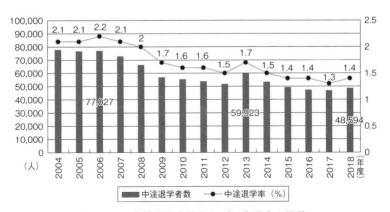

図 10-1　高校中退者数ならびに中退率の推移

（資料）文部科学省「児童生徒の問題行動・不登校等生徒指導上の諸課題に関する調査結果（平成 30 年度）」を基に筆者作成。

の2.2%であったが、2018年度には1.4%となっている。ある程度の長さで見ると、中退者数及び中退率はともに減少傾向にあると言えるが、2014年度以降は中退率1.4±0.1%となっており、下げ止まり状態にあると言える。これまでとは異なる、新たな取り組みが必要な段階に到達したと考えることができよう。

II. 高校中退の理由とその背景

1. 高校中退の理由

　それでは、高校を中途退学する理由を掘り下げるために文部科学省による「児童生徒の問題行動・不登校等生徒指導上の諸課題に関する調査結果（平成30年度）」の結果から図10-2に示したように、中退事由としては「進路変更」が35.3%と最も多い。次いで「学校生活・学業不適応」が34.2%となっている。また、「家庭の事情」が4.2%、「経済的理由」が2.0%となっており、子どもが生活している家族の状態が中退へ影響を与えていることが分かる。

　図10-3は「学校生活・学業不適応」の内容について、その構成比をグラフ化したものである。「もともと高校生活に熱意がない」が35.0%と最も多く、次いで「人間関係がうまく保てない」が21.0%となっており、子どもたちの立

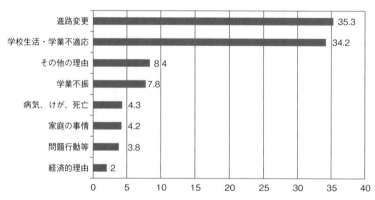

図10-2　中途退学事由の構成比（％、N＝48,594）
（資料）文部科学省「前掲資料」を基に筆者作成。

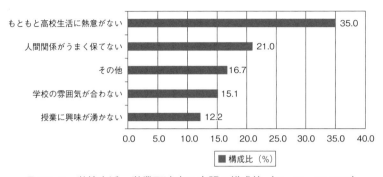

図 10-3　学校生活・学業不適応の内訳の構成比（%、N＝16,622）
（資料）文部科学省「前掲資料」を基に筆者作成。

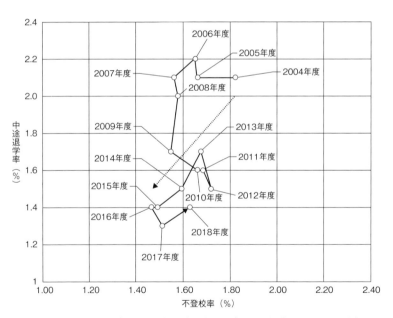

図 10-4　不登校率と高校中退率の推移（2004 年度〜 2018 年度）
（資料）文部科学省「前掲資料」を基に筆者作成。

場に立ち、寄り添う形でサポートを行う存在が必要であることが分かる。

　学校生活になじめなかったり、家庭の事情から高校を中退せざるを得ないような子どもたちは、いきなり高校を中途退学することになるのではなく、前段階として不登校などの長期欠席状態を経て、最終的な結果として中退へといたる。2014 年度から 2018 年度までの不登校率と高校中退率を二次平面上にプロットしたのが図 10-4 である。不登校率と中退率がある程度の相関関係を持っているように思われる。

2. 不登校と高校中退の関係

　さらに、不登校から高校中退に至るまでに時間差があるとするなら、ある年度の不登校率に対して、その同年度の中退率と、翌年度の中退率のそれぞれの相関関係に違いがあると考え、その相関関係係数を求めた。その結果が表10-1 である。その結果、不登校率とその翌年度の中退率の方が有意に、かつやや相関があるということが分かった。つまり、同年度の中退率よりも翌年度の中退率の方が強い相関関係があるということを意味する。

　表 10-1 の結果を踏まえて、ある年度の不登校率を横軸に、その翌年度の中退率を縦軸にして二次平面上にプロットしたのが図 10-5 である。さらに図 10-4 と図 10-5 のそれぞれの回帰式を示すと次の 2 つの式となる。

表 10-1　不登校率と中退率の相関関係（2005 年度〜 2018 年度）

		不登校率 (%)	同年度の中退率 (%)	翌年度の中退率 (%)
不登校率（%）	Pearson の相関係数	1	.466	.567[*]
	有意確率（両側）		.093	.035
	度数	14	14	14

[*]. 相関係数は 5%水準で有意（両側）です。
[**]. 相関係数は 1%水準で有意（両側）です。
（資料）文部科学省「前掲資料」を基に、筆者が SPSSver.23.0 を使用して統計解析を行った。

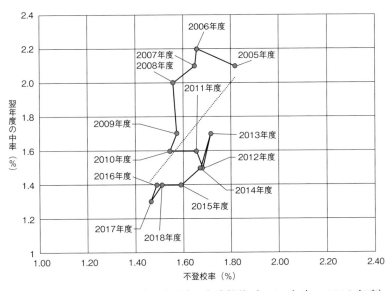

図 10-5　不登校率と翌年度の中退率の年度推移（2005 年度〜 2018 年度）
（資料）文部科学省「前掲資料」を基に筆者作成。

（図 10-4）不登校率と同年度の中退率の回帰式

$$y = 1.4216x - 0.5887\cdots\cdots式1$$

（図 10-5）不登校率と翌年度の中退率の回帰式

$$y = 1.7236x - 1.1031\cdots\cdots式2$$

　この 2 つの式からも、翌年度の中退率との関係の方が傾きが強くなっており[36]、不登校への対策が高校中退を防止するために必要な取り組みであることが分かる。

3.　不登校の要因

　次に、不登校への対策を考えるために、不登校の要因の内訳を見てみる。不登校の要因は本人に係る要因と学校・家庭に係る要因の 2 つに大きく分け

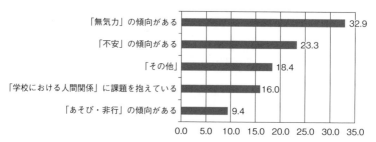

図 10-6　不登校の要因の内、本人に係る要因の構成比（2018 年度、%、N＝
　　　　　52,723）
（資料）文部科学省「前掲資料」を基に筆者作成。

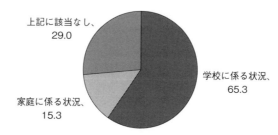

図 10-7　不登校の要因の内、学校・家庭に係る状況の構成比（2018 年度、%、
　　　　　N＝52,723）
（資料）文部科学省「前掲資料」を基に筆者作成。

られている。本人に係る要因については、図 10-6 のように「『無気力』の傾
向がある」が 32.9％と最も多く占める。次いで「『不安』の傾向がある」が
23.3％となっている。また「『学校における人間関係』に課題を抱えている」も
16.0％となっている点も注目である。

　次に同じく不登校の要因の内、学校・家庭に係る状況の構成比を見てみる
と、学校に係る状況が 65.3％と最も多く、家庭に係る状況は 15.3％となってい
る（図 10-7 参照）。

　学校に係る状況についてさらに掘り下げたのが、表 10-2 である。まず全体
としては「学業の不振」が 27.4％と最も多く、次いで「いじめを除く友人関係
をめぐる問題」が 26.8％、「入学、転編入学、進級時の不適応」が 20.9％と続

表10-2　不登校の要因の内、本人に係る要因別に見た学校に係る状況のクロス集計

	学校に係る状況の合計	いじめ	いじめを除く友人関係をめぐる問題	教職員との関係をめぐる問題	学業の不振	進路に係る不安	クラブ活動・部活動等への不適応	学校のきまり等をめぐる問題	入学・転編入学・進級時の不適応
「学校における人間関係」に課題を抱えている。	8,436	166	5,656	255	662	306	389	224	778
	100.0%	2.0%	67.0%	3.0%	7.8%	3.6%	4.6%	2.7%	9.2%
「あそび・非行」の傾向がある。	3,290	1	355	48	1,162	138	35	974	577
	100.0%	0.0%	10.8%	1.5%	35.3%	4.2%	1.1%	29.6%	17.5%
「無気力」の傾向がある。	10,536	6	953	146	4,455	1,223	149	668	2,936
	100.0%	0.1%	9.0%	1.4%	42.3%	11.6%	1.4%	6.3%	27.9%
「不安」の傾向がある。	9,466	27	1,992	131	2,395	2,506	257	150	2,008
	100.0%	0.3%	21.0%	1.4%	25.3%	26.5%	2.7%	1.6%	21.2%
「その他」	2,689	8	268	33	762	498	88	139	893
	100.0%	0.3%	10.0%	1.2%	28.3%	18.5%	3.3%	5.2%	33.2%
計	34,417	208	9,224	613	9,436	4,671	918	2,155	7,192
	100.0%	0.6%	26.8%	1.8%	27.4%	13.6%	2.7%	6.3%	20.9%

（資料）文部科学省「前掲資料」を基に筆者作成。

いている。これを不登校となった本人に係る要因別に見ていくと、「『学校における人間関係』に課題を抱えている」では「いじめを除く友人関係をめぐる問題」が最も割合が高い。「『あそび・非行』の傾向がある」では「学業の不振」と「学校のきまり等をめぐる問題」が高い割合となっている。「『無気力』の傾向がある」では「学業の不振」と「入学、転編入学、進級時の不適応」の割合が高い。そして「『不安』の傾向がある」では「進路に係る不安」が高くなっている。

III. 高校中退防止事業の分析

　ここまで見てきたように不登校状態になった背景には学校における人間関係に悩みを抱えており、いじめや、友人・教職員との関係、そして部活動等への不適応があるということが言える。不登校の状態になった子どもたちの中には、人間関係をうまく築くことができないことに悩み、そこから社会的孤立へと進んでいく流れが想像することができる。そのように陥らないためには、子どもたちの悩みに寄り添える支援者の存在が不可欠で有り、子どもたちにとって利用しやすい居場所や支援サービスが必要であると言える。

　それでは、実際に高校中退防止事業に取り組むことでどのような効果があるのか、NPO 法人抱撲が行った高校中退防止事業の参加者の全体像を整理しながら検討を行っていきたい。

1. 支援開始にいたるルート

　本事業は、行政機関（保護課、児童相談所など）、友人、学校、家族などから支援対象者（不登校などの高校中退リスクが高い者）が NPO 法人抱撲に紹介されるところからスタートする。その紹介者を支援開始にいたるルートとしてまとめたものが、表 10-3 である。

表 10-3　支援開始にいたるルート（紹介ルート）

支援開始にいたるルート	度　　数	割　　合
福祉事務所（保護課）	12	33.3%
支援室アウトリーチ事業	6	16.7%
友人・知人からの紹介	6	16.7%
児童相談所	4	11.1%
その他	4	11.1%
学習支援ボランティア	3	8.3%
学校	1	2.8%
総計	36	100.0%

　最も多かったのは生活保護行政からの紹介（「福祉事務所（保護課）」）で3分の1にあたる33.3%（12名）であった。次いで教育委員会が市内に設置している支援室 [37] が行っているアウトリーチ事業及び友人・知人からの紹介がそれぞれ16.7%（6名）であった。児童相談所からも11.1%（4名）となっていた。学校から直接紹介されたルートは1名（2.8%）のみであった。

2. 支援対象者の属性

　高校中退リスクがあると判断された対象者が属する世帯の特徴は、表10-4のように整理することができる。まず家族構成については69.4%（25名）が母子世帯であった。経済状況では生活保護世帯が47.2%（17名）、親が就労しているが住民税非課税世帯なのが16.7%（6名）となっており、合わせた63.9%（23名）が経済的に低所得であった。DV被害については、母親が元夫などから受けたDV被害の経験があるのが50.0%（18名）、対象者である子どもが親等からDVを受けた経験があるのが36.1%（13名）となっている。DV被害の影響も考えられる母親のこれまでの精神疾患の有無については、50.0%（18名）となっている。

　そして子どもの中退リスクと関連性が高いと考えられる不登校経験については、中学在学時に69.4%（25名）、高校在学時に61.1%（22名）であった。これらをまとめると、対象者の特徴としては経済的に余裕がなく、精神的に不

表10-4　対象者の属する世帯の特徴（複数該当、N＝36）

世帯の特徴（複数該当）	度　数	割　合
母子世帯	25	69.4%
生活保護世帯	17	47.2%
就労非課税世帯	6	16.7%
母が元夫等からのDV経験あり	18	50.0%
子どものDV経験あり	13	36.1%
母親に過去精神疾患あり	18	50.0%
中学在学時に不登校経験あり	25	69.4%
高校在学時に不登校経験あり	22	61.1%

安定な母親との家族機能が脆弱な世帯であり、母子ともども DV 被害の経験があり、そして対象者である子どもたちは不登校を経験、もしくは不登校の最中であると言える。

　対象者の障害の有無について整理したのが、表 10-5 である。意志による診断がおりているわけではないが、支援する側としてかなり疑わしいと考えられるケースも含めた集計結果である。最も多いのは発達障害で 38.9%（14 名）であった。また、何らかの障害を持っていると考えられる子どもは合わせると全体の 55.6%（20 名）となり、半数以上の子どもたちが何らかの障害を持っている。

　頭痛や不眠等も含めて、現在医療機関へ通院している対象者 25.0%（9 名）であった（表 10-6）。

表 10-5　対象者の障害の有無と分類（N＝36）

障　害	度　数	割　合
精神障害	3	8.3%
知的障害（疑い含む）	2	5.6%
発達障害（疑い含む）	14	38.9%
身体障害	1	2.8%

表 10-6　対象者（子ども）の医療機関との関わり（N＝36）

医療機関との関わり	度　数	割　合
通院中	9	25.0%

表 10-7　学校との連携

学校との連携	度　数	割　合
あり	25	69.4%
今後連携する予定あり	9	25.0%
なし	2	5.6%
総計	36	100.0%

　次に、支援に関わる内容として、対象者へ支援を行う「抱樸」と学校との連携に注目すると、69.4％（25名）は学校と連携をとることができており、今後連携する予定があるケース（25.0％、9名）を加えると、ほぼ全員と言える94.4％（34名）で学校と連携が行われた（表10-6）。

IV. 事例分析 ― 卒業後の支援 ―

　本節では、高校在学中より支援関係にあり、高校卒業後も継続的に支援を行った3つの事例を分析し、高校中退防止事業としての最終的な目標にもなる自己実現と自立を目指すには、高校卒業後も継続的に関わることの重要性を示したい。

1. 高校時代に妊娠・出産を経験し、卒業後も継続的に支援をすることで就労することができた事例（Iさん）

1）　ケースの概要

　Iさん（女性）は現在19歳で、母、兄、そして1歳になった子どもの4人で生活をしている。中学時代から不登校を経験しており、その頃からNPO法人抱樸の学習支援事業「スイトレ」に通っていた。高校在学中に妊娠・出産を経験、さらに出産前に夫を亡くすという経験をした。現在は1歳になる子どもを育てながら、2019年4月からはお弁当屋の販売員として就労する予定である。

2）　事例の経過

　中学時代から不登校を経験しており、中学3年1月からNPO法人抱樸の学習支援事業「スイトレ」に参加していた。専門課程のある高校へ進学したが、その後も学習支援には継続的に参加していた。1年生の頃は学習面だけでなく学級委員を務めるなど、積極的な姿勢が見られた。時々、支援員や学習支援ボランティアに対して「学校を辞めたい」などとこぼすこともあったが、「母を助けたい」という想いからお弁当屋でアルバイトを始めたりもした。

　高校2年に入ってから祖母が亡くなり、その影響から不登校を経験した。授業を受けようとしても祖母を思い出してしまい、勉強に集中できなくなった。

また、以前から貧血がひどく学校へ通うのもきつくなってきたことから、転校を決意した。当時の母はこのことに対してあまり興味が無く、「好きにすれば良い」という感じであった。その後、2年生の終わり頃に、本人の意志で通信制高校を選んで高校を転校した。選んだ理由は、以前から仲の良い友人が高校を退学してその高校へ転校しており、その友人から薦められたためである。

転校した高校で恋人（後の夫）と出会い、その後、妊娠が分かった。夫の両親からも、2人とも高校は卒業することを条件に出産を許され、「生むことを認めてもらうためにもまず卒業しなきゃいけない」という気持ちでがんばった。本人は高校を退学することも、そして子どもを産まないということも考えていなかった。夫は子どもが生まれる前に急逝してしまい、そのこともあって高校の先生たちもどうにか卒業、出産という気持ちをさらに持って支援・指導を行った。お腹を抱えながら勉強をがんばっており、その時のエピソードとして、卒業させるために高校の先生がテストを持って入院先の病院まで持ってきてくれて、鉛筆を持つと痛みが来たが、陣痛中にまでテストを受験して卒業をすることができた。本人曰く「普通の高校だったらできなかったが、あの高校だからできた」とのことであり、「高校卒業したのは良かった」と思っている。子どもが生まれて2か月後に卒業式があり、当初は参加を迷ったものの、最終的には本人の意志で卒業式に参加した。

出産を機に親子関係も改善傾向が見られ、卒業後は母親の支援を受けながら育児をしている。卒業後もNPO法人抱樸との支援関係は継続しており、卒業後4か月間ほど集合型学習支援の会場を訪ねてきている。伴走支援員は見守り支援を継続しており、必要に応じて関わりを持っている。2019年4月からは高校時代にお世話になったお弁当屋で就労する予定である。母親も同業他店舗で働いていることから周囲も楽しみにしており、本人としては復職するような感じでいる。

以前は子どもに対してあまり関心が無かったが、孫が生まれてからは様子も変化しており、子育てに関する主な相談相手は母親である。自分の気持ちが折れたりした時はすぐには相談しないが、自分の力ではどうすることもできなくなった時には相談することにしている。本人曰く「基本的に自分で決めたこ

とだから自分でしなきゃいけないっていうのがある」とのこと。これからのことについてはあまり想像することができていないが、「子どものためにがんばります」と、母親としての自覚が感じられた。

3）　支援内容

Ｉさんに対して行った支援は、高校在学中は学習支援と、悩みごとや愚痴の傾聴が中心であった。高校の文化祭に保護者の代理として伴走支援員が参加している。不登校となった際には、伴走支援員が高校の先生や母親とコミュニケーションを密に取り、登校支援を行った。転校することとなった際には、転校先の先生とも連携し、Ｉさん本人の意志で転校がスムーズに進むように裏方的サポートを行った。

4）　連携した社会資源

Ｉさんの事例において主に連携した社会資源は、学習支援ボランティア、高校の先生である。妊娠が分かって以降は、母親が子どもに対する関心が乏しいことから、高校の先生と連携を図って、Ｉさんの支援体制をマネジメントした。

5）　この事例から言えること

このＩさんの事例は、高校で不登校になっても転校をすることができ、さらに転校先で妊娠・出産となっても無事に出産と高校卒業まで到達することができた事例である。

単なる「高校中退防止のための取り組み」であれば、高校を卒業した時点で支援関係は解消され、支援終結となるのが一般的であろう。しかし、Ｉさんの事例では、卒業後も学習支援の場へＩさんが訪ねてきており、それを受け入れることで関係性を維持し、その後の育児、そして育児が一段落して子どもを保育所へ預けられるようになった段階で前向きに就労へとつながっている。

もし高校卒業と同時に支援関係が途絶えたとしたら、Ｉさんは孤立した状況の中で育児をすることとなった可能性は否定できない。そしてそれは、その後の就労という段階までたどり着けたのか、その可能性も低くかったのではないか。

もう一つ、Ｉさんの状況を理解し、応援してくれた家族や高校の先生という存在も重要である。高校の先生の支援的な取り組みについては事例の経過で紹

介したが、Ｉさんの母親、そして夫の両親による理解と支援は大きかったと言える。家族の持つ支援的機能の回復、そして充分に発揮された点は、本事例では重要な点である。

2. 中学より不登校経験があったが、高校時代の中退防止支援を通してエンパワメントが促され、本人が望んだ専門学校へ進学することができた事例（Ｊさん）

1）ケースの概要

　Ｊさん（女性）は現在19歳で、父、母、兄と一緒に4人で生活している。中学時代に集団の中へ入ることが苦手になったことから不登校を経験しており、中学3年に上がる頃からNPO法人抱樸の学習支援に参加していた。高校は普通科の高校へ進学したが、精神的疾患が悪化したために教室へ入れなくなり、高校としても対応が難しい状況となったために通信制高校へと転校した。転校後は個室対応が可能となったために皆勤登校した。卒業後は1年間アルバイト就労をしたが、2019年4月から本人の念願だった英語を学ぶために専門学校へ進学することとなった。

2）事例の経過

　中学時代から、集団の中に入ることが難しかった。高校進学を考えたとき、「制服を着たい」という想いが芽生え、普通科の高校へ進学した。高校進学後は、教室へ入ることができなかったが、廊下までは来ることができているので、廊下で授業を受けていた。1年生の夏頃に母親の精神状態が不安定となり、家族からの薦めもあり母親が入院をした。Ｊさんは祖父母宅へ預けられ、祖父が車で送迎してもらい、休みながらも登校していた。

　1年生の秋の文化祭に、伴走支援員がＪさんの高校を訪問し、先生からＪさんの様子について情報提供を受けた。その後、文化祭に参加していたＪさんと校内で会うことができたので、現在の状況をきいたところ、クラスの廊下での授業もしんどくなってきており、個別対応の教室へ行こうとするが、先に誰かが利用していると中へは入れなかった。

　その後、高校の先生と伴走支援員が連絡を密に取りながら、個別対応も含

めてＪさんが勉強できる環境を整えることに取り組んだ。しかし、欠席分の補習授業もすべて参加することもできず、状況は改善されなかった。3学期が始まる頃に、伴走支援員とＪさんだけで面談をして、これからどうするのかについて話し合った。Ｊさん本人としては、今のままでは卒業も難しいことを自覚しており、必須の16単位を取って、4月からは通信制の高校へ転校することを決意した。転校に当たっては、父親の反対もあったものの、伴走支援員が丁寧に説明をし続けたことから父親も理解を示した。転校先の高校の先生とも連絡を取り、スムーズに転校ができるように支援を行った。

　2年生に上がり無事に通信制高校へ転校をした。転校後は、通信制高校内にある個室の学習室にて学習に取り組んだ。遅刻も無く、毎日登校した。学校生活の中では体育の時間が一番楽しく、バレー、バドミントン、バスケットボールなどをした。一番好きだったのはフットサルだった。また、いつも明るくて優しく穏やかな感じの女性の担任の先生に個別にいろいろと相談をすることができたのは大きかった。その後は順調に学習を続け、3年生の3月に高校を卒業することができた。

　進路については、3年生の時点で英語の学べる専門学校へ進学することを志望していたが、オープンカレッジに行ったことで、高校卒業後すぐに専門学校などへ行くのは難しいとＪさんは感じたために、とりあえずは自分でもできる清掃業のアルバイトをやって貯金をしようと考えた。また、英語を学びたいので、高校卒業後はSNSのアプリサービスなども活用して外国人とコミュニケーションをしたり、進学についていろいろと相談をしていた。

　高校卒業後のアルバイトは、市内公共施設での清掃業務に励んだ。その年の秋には、Ｊさんがすべて自分で調べて、父、母、Ｊさんの3人で行きたかった韓国へ家族旅行に行った。この頃から父親の様子も柔和になってきて、子どもたちに対して厳しい態度ばかりではなくなってきた。高校を卒業して1年が経った2019年3月に、市外の英語の専門学校へ体験入校した。その後、入試を受けて無事に合格し、専門学校への入学を決めた。専門学校は自宅から遠距離であるために、専門学校の近くにアパートを借りてひとり暮らしをすることにした。経済面については、高校を転校する際に渋っていた父親が、今回は支

援することを表明したために心配することはない。

3) 支援内容

Ｊさんに対する伴走支援員の支援内容は、本人に対しては学習支援、相談対応が主であった。家族に対しては、厳しい意見を言いがちな父親に対して、Ｊさんや精神的に不安定になりがちな母親に代わってアドボケイドすることが多く行われた。高校の先生に対しても、最初に入学した高校、そして転校後の高校の両方の先生とも連携をして、現状の把握に努めるとともに、スムーズな転校の流れを作ったと言える。

アルバイトや専門学校進学については、エンパワメントされたＪさん自身によって積極的に動くことで切り開いてきたものであった点は、Ｊさんの状況の変化を的確に示していると言えよう。

4) この事例から言えること

このＪさんの事例は、おそらく専門学校に進学後も、継続的に見守りが必要なケースであるかもしれない。しかし、中学時代から支援関係が開始し、2014年からの5年間でエンパワメントされたＪさんの変化は、めざましいものがあった。専門学校に進学してからも継続的に関わる必要性というのは、高校進学時とは質の異なるものとなるのではないだろうか。

Ｊさんにとって抱樸は、自分を攻撃する人がいない、安心して関わることができる存在だったという。自分ができることが分かるようにサポートしてくれる人がいるのが一番良く、高校1年の時は教室には入れないこともあったが、中学3年の時に比べると徐々に自信がついてきていたとのことだ。そして今では、学校へ急に行けなくなってしまうような状況になったとき、「人と離れないようにする」ということが大切だという。インターネットがあって、いつでもだれとでも関われるのかもしれないが、やはり生身の人間と違う。そういうしんどい時こそ、人と直接会った方が良いと感じているとのことである。不登校の時に、あれだけ人と関わるのが嫌だと言っていたＪさんは今、そのように考えられるようにまでなっている。長い目で関わり続けることの重要性を示した事例の1つであると言えよう。

**3. 高校時代に不登校経験もあったものの、支援を受けることで退学にはならな
　かったが、進路未定のまま卒業することとなったが、就労準備支援へとつ
　なぐことができた事例（Kさん）**

　1）　ケースの概要

　Kさん（男性）は現在 19 歳で、母、妹、弟の 4 人で生活している。経済状
況としては非課税世帯である。母親は元夫からのドメスティックバイオレンス
（DV）被害の経験があり、子どもたちは両親から虐待された経験を持ってい
る。母親は今も鬱病を患っており、生活機能としては十分発揮できているとは
言い難い。支援の開始は中学 3 年生の 12 月で、生活保護のケースワーカーか
ら NPO 法人抱樸へ紹介されて参加するようになった。K さんは現在精神科へ
通院中であり、発達障害の診断が出ており、今後は福祉作業所にて就労する予
定である。

　2）　事例の経過

　小学生の頃から不登校状態であった。養父には「行きたくなかったら行かな
くてもいいが、そのかわり行きたい行事は行かせん」と言われ、それ以降「も
ういい」と思って行かなくなった。小学校 6 年生の 6 月頃、養父と別れ、これ
に伴って転校をしたために、修学旅行は 2 回行く経験をした。学校へ行きたく
ない理由は特にないが、小学校の頃から特に学校へ行きたくないという訳でも
無かった。

　中学校へ進学してから、意地悪を言う同級生がいて、そのために学校へ行
くのがしんどくなった。そのような K さんに対して、担任の先生は大きな声
で怒鳴ったり、力尽くで登校させようとしたために、とても怖い経験をしたた
め、不登校状態から抜け出すことができなくなった。

　NPO 抱樸の学習支援に参加するようになったのは、生活保護のケースワー
カーの紹介で中学校 3 年の後半のころであった。中学校には全く行けていな
かったが、高校には行きたいし、将来の夢を語ることができた。伴走支援員の
同行で高校見学へ行ったり、集合型の学習支援にも参加することを通して、進
路を決めていった。もともと動物と関わる仕事に就くことを希望していたの
で、農業系の高校への進学を考えたが、通学に不安を感じたことから比較的自

宅に近い方の普通科高校へ進学をした。

　高校進学後は、当初は休みがちであったが、1年生の後半頃に友達ができてからは行けるようになった。1年次は欠席が多かったことから単位が足りなくなり、伴走支援員へ転校の相談をすることもあったが、友達ができてからは通えるようになった。きっかけは放課後にスマートフォンのゲームをしているところを見られ、友達から「一緒にやろうや」と声を掛けられたこと。これから何となくグループに入ることができ、放課後はよく友達と一緒にゲームをした。その後は卒業まで順調に高校へ通うことができ、在学中は高校卒業後に動物関係の学校へ進学して、飼育員になりたいと考えていた。しかし、卒業間際になって就職してお金を貯めてから専門学校へ進学する方向で考えるようになり、進路未定のまま卒業となった。

　高校卒業後は、不登校状態にある弟の面倒を見たりしていた。卒業した翌月の2018年4月に、NPO法人抱樸の就労準備支援を受けるようになり、生活協同組合の配送仕分けなどにも従事し、高い評価を受けた。2019年1月からはNPO抱樸の事務所内で就労体験を始めた。紙を切ったり、関係するデータの入力などをまじめにしている。本人によると、就労準備支援を利用する理由は「ひまつぶし」だという。慌ただしい部署にいないので、ノンビリゆっくり「ひまつぶし」のように取り組んでいるとのことである。

　Kさんにとって働くというのは、「ゲーム」をクリアする感覚に近く、大量の仕事をどのようにショートカットして、いかに少ない時間でできるのかを探すことをしている。最初は紙を切るのに2～3時間かかっていたものの、今では2,000枚までだったら1時間で終わるようになった。枚数を数えるのも同じように、ゲームを攻略するように取り組んでいるとのことである。

　現在は精神科の医療機関へ通院をしており、発達障害の診断も受けた。Kさんは動物関係の仕事をしたいと考えており、目標としては動物園の飼育員になるために仕事をして貯金をし、そして専門学校へ行きたいと考えている。

3）支援内容と連携した社会資源

　Kさん及びその家族全体への支援は、とても幅広くなっている。Kさん本人については高校生活における悩みの相談への対応から学習支援まで行った。

妹と弟も不登校状態であるため、この 2 人への学習支援も並行して行っている。さらに、母親も鬱状態が続いており、高校在学中も元夫からの DV がフラッシュバックしてしんどくなるなどしていたが、伴走支援員が長い時は 2 時間以上メールや電話で相談にのり、コミュニケーションを密に取ることで母親へも支援を行った。

　K さんの環境への働きかけとしては、学校の先生やスクールソーシャルワーカーと連携しながら、生活が安定するように支援するとともに、妹と弟への不登校支援が行われた。高校卒業時には NPO 法人抱樸の就労準備支援へとつなぎつつ、その後も継続的に伴走支援員も関わり続けている。

4）　この事例から言えること

　K さんは、高校入学後は友人もでき順調に通学をすることができ、卒業をすることができた。しかしそこで支援関係が終わるのではなく（妹と弟に対してのみ支援関係を継続するのではなく）、就労準備支援、就労支援へと自立に向けた支援へと接続しながら継続的な関係性を続けており、まさしく「切れ目の無い支援」、そして「切らさない支援」を実践した事例である。K さん自身が抱えている発達障害による特性も踏まえつつ、将来の夢に向かって継続的にがんばる K さんを見守り、支え続ける関係性は、今後も重要であると言える。

4.　小　括

　本節では、高校卒業後も継続的に支援することで、その後の就労や進学へと接続することができた事例を検討してきた。いずれの事例においても共通していることは、高校卒業ということと、支援関係の終結は別であるということである。むしろ高校卒業後に、その後の人生の進路選択を考え、そして準備する時間を持つ子どもは存在しており、そのような子どもへの「切らさない支援」は重要であり、かつ自立に向けて大変有効であると言える。

　例えば I さんの転校、妊娠、出産、卒業となり、「あとは自助で」となった場合、家族機能が脆弱な中で I さんと母親との関係を調整する伴走支援員の介入が無ければ、何かトラブルなどが起きた際に充分に対応する力を持つことができたのかは大きな疑問である。J さんについても、一見エンパワメントされ

たことにより家族を韓国旅行へ案内するぐらいにまで大きな成長を見せた。しかし、そこには伴走支援員が「切らさない支援」を継続して見守り続けることによって、厳格な父親と兄の関係性への介入、精神状態が不安定になった母親への相談支援が可能となっていると言える。

　また、継続的な支援を可能とした背景としては、すでに本章第1節から触れられてきたように、子どもたちが集まり、一緒に勉強し、そして何かあれば相談することができる「スイトレ」という学習支援の「場所」が存在していることが大きい。これによって、卒業後も子どもたちが気軽に立ち寄れる「場所」を構築することができており、子どもたちに何か変化があったとしても早期に発見し、早い段階から支援へとつなぐことができている。

　さらに、NPO法人抱樸が就労支援事業や自立支援事業も行っており、法人内の他事業へ接続すると同時に、移行後も継続的に連携と声かけを行っており、卒業後も本人の特性に応じた支援を他の事業においても継続することが可能となっている点も、評価されるべき点であろう。

Ⅴ．中退防止に向けた支援の成果

　本事業の終了時期（2020年3月時点）の対象者の状態について整理すると、表10-8の通りである。結果的に高校中退へと至ったのは13.9％（5名）であった。ただし、高校を中退したことで支援関係が終了したわけではない。高校

表10-8　事業終了時期の対象者の中退リスク

事業終了時期の状態	度　数	割　合
中退	5	13.9%
中退リスク（高）	3	8.3%
中退リスク（中）	7	19.4%
中退リスク（低）	10	27.8%
高校卒業	9	25.0%
中学校在学	2	5.6%
総計	36	100.0%

表10-9　支援の結果とその人数（N=36）

区　分	人　数	割　合
高校卒業	9	25.0%
高校中退	4	11.1%
高校在学中	21	58.3%
中学在学中	2	5.6%
総計	36	100.0%

中退後も継続的に関わり、就労支援や高校への復学・転校の支援が行われている。

　本事業における最終的な結果については、表10-9のようにまとめた。表10-4と比較して高校中退が5名から4名に減少しているのは、この1名が高校中退後に別の高校へ入学したことで高校在学中に算入したためである。11.1%（4名）の高校中退をどのように理解するべきかは、多い・少ないの理解ではなく、この4名に対して高校中退後もどれだけ継続的に支援を行ったのかに着目して理解するべきであろう。その点に関して言うと、いずれのケースにおいても継続的に支援関係を継続しており、就労支援などを行っている点を重視すべきである。教育関係としてのみ対象者を捉える高校中退防止ではなく、社会を生きていく力を育む（エンパワメント）ような伴走型支援による高校中退防止の取り組みが重要なのである。

第 **11** 章

高校中退防止事業の費用対効果の検討

I. 社会的費用とその費用対効果を推計する意義と目的

　前章までの事例分析などから明らかなように、高校中退にいたるまでの対象者の状況と、高校中退後の対象者の歩むこととなる生活状態は社会的に望ましい状態とは言えず、社会的排除状態にあると考えることもでき、高校中退防止という支援はまさしくニーズ（社会的必要）である。このニーズを充足するためには高校中退を防止する取り組みを、対象者とその家族の自助努力か、あるいは自助としての費用負担を求めることは極めて困難であるというのは、これも前章までの事例分析などからも明らかである。したがって高校中退防止というニーズに対して行われるサービスは、社会的な営為として取り組まれ、ひとりの市民としての幸福が追求されることが望ましい。

　社会的営為として取り組まれるとした場合、地域共生社会の実現という理念的枠組みを借りて考えると、互助、共助、公助が必要となる。高校中退防止に向けた支援を特に共助（NPO等の民間団体の取り組み）、公助（行政や社会福祉法人等による公的機関による取り組み）として行うためには、その支援の財源として社会的な合意（あるいは納得）が必要となる。この社会的合意を形成するためには憲法や子どもの権利条約等を基にした権利論からのアプローチや、社会問題として世論へ訴えるアプローチ等があるが、近年の公共政策において導入されている費用対効果を提示することによって社会的有用性を示すアプローチもある。

　この費用対効果を提示するアプローチについては、社会的投資論として語られることから権利論の立場からは「効果が現れにくい子どもに対して支援を行わないということか」、あるいは「子どもの成長・発達は個人の幸福を追求する権利（自由）の行使であり、社会的有用性から語られるべきではない」という批判もある。この指摘は本質的かつ原理的に正しいが、ここではあえて政策実務的に社会で広く求められる基準に合わせるという意味から、高校中退防止による社会的経費とその費用対効果について推計を行うことを試みたい。そうすることによって、少しでも多くの市民に高校中退防止という支援の必要性と、その社会的意義を深めることを目的とする[38]。

II.　費用対効果の推計に関する先行研究

　子どもの貧困や就労支援といった社会福祉実践による社会的費用や、その費用対効果についての先行研究はいくつかあり、そのアプローチも多様である。ここでは高校中退防止の費用対効果を考える上で参考となりそうな先行研究をいくつか紹介する。

1.　日本財団子どもの貧困対策チーム（2016）『徹底調査　子どもの貧困が日本を減ぼす　社会的損失 40 兆円の衝撃』文藝春秋

　この文献では子どもの貧困に対策を行った場合と、現状を放置した場合のマクロレベルでの経済的・社会的影響を具体的な金額として示すことで、子どもの貧困対策の必要性を示している。このような研究に取り組む背景としては「子どもの貧困問題については、家庭の経済格差が子どもの教育格差を生み、将来の所得格差につながる『貧困の連鎖（世代間再生産）』が問題となっている」点をあげている。その上で子どもの「貧困の連鎖が及ぼす経済的・社会的影響を具体的な金額として示すことができれば、この問題をジブンゴトとして捉えられる人が増える」ことへつながると考え、日本財団・三菱 UFJ リサーチ＆コンサルティング「子どもの貧困の社会的損失推計」が行われた。（P.43）

表 11-1　貧困状態にある子どもの定義とその人数

推計時点での 15 歳の子ども		約 1,200,000 人
内数	生活保護世帯	約 22,000 人
	児童養護施設	約 2,000 人
	ひとり親世帯	約 155,000 人
	合計	約 180,000 人

P.43 を基に筆者作成

表 11-2　現状放置シナリオと改善シナリオ

現状放置シナリオ	「貧困世帯の子ども」の進学率、中退率が現状のままのケース
改善シナリオ	高校進学率及び高校中退率が非貧困世帯並みになり、かつ、貧困世帯の子どもの大学進学率が 22%上昇する（海外研究事例より）こととなったケース

P.46 より転載

　ここでの子どもの貧困状態の定義は、表 11-1 のとおりである。ここでは約 18 万人と設定している。

　社会的損失の推計の基本的考え方としては現状放置シナリオと改善シナリオの 2 つを想定している（表 11-2）。改善シナリオは「子どもの貧困対策の効果が表れ進学率や中退率が改善された場合の、シミュレーションケースである」(P.46) としている。そして「学歴が低下し就業形態が悪化すると、所得が減少し、税収や社会保険料収入も減少してしまうと共に、無業者の増加によって、生活保護などの公的支出は増えてしまう」(P.47) という考え方に基づいて、各シナリオについて計算を行っている。

　この文献における社会的損失の計算方法図 11-1 の通りである。そして仮の数値を置いてモデル計算をしたのが表 11-3 である。この文献では最終的に約 40 兆円もの社会的損失がうまれると指摘している。またこの文献が非常に参考になると考えられるのは、高校中退の影響である。表 11-4 にあるように、

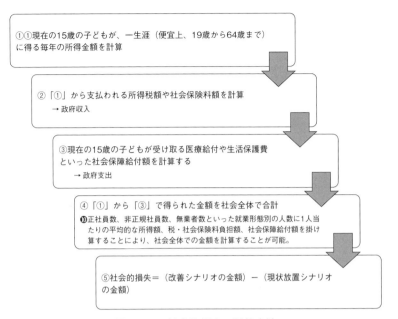

①①現在の15歳の子どもが、一生涯（便宜上、19歳から64歳まで）に得る毎年の所得金額を計算

②「①」から支払われる所得税額や社会保険料額を計算
　→ 政府収入

③現在の15歳の子どもが受け取る医療給付や生活保護費といった社会保障給付額を計算する
　→ 政府支出

④「①」から「③」で得られた金額を社会全体で合計
❿正社員数、非正規社員数、無業者数といった就業形態別の人数に1人当たりの平均的な所得額、税・社会保険料負担額、社会保障給付額を掛け算することにより、社会全体での金額を計算することが可能。

⑤社会的損失＝（改善シナリオの金額）－（現状放置シナリオの金額）

図 11-1　社会的損失の計算方法

P.47 を基に筆者作成

表 11-3　社会的損失の推計（仮定モデル）

	改善シナリオ	現状放置シナリオ	社会的損失
就業者数	100 人	70 人	
所得 （300 万円×就業者数）	5 億円	3.5 億円	1.5 億円
税収入（A－B）	9,000 万円	6,000 万円	3,000 万円
A.　税・社会保険料負担額 （100 万円×就業者数）	1 億円	7,000 万円	
B.　社会保障給付額 （10 万円×人口）	1,000 万円	1,000 万円	

P.48 より転載

表 11-4 高校中退率の影響

	所得損失	財政収入損失
貧困世帯の高校進学率の低さ	7 兆 3,000 億円	2 兆 6,000 億円
高校中退率の高さ	10 兆 7,000 億円	3 兆 8,000 億円

P.78 を基に筆者作成

高校中退による社会的損失の大きさを示した上で、高校中退防止の重要性を示している。

2. ナショナルミニマム研究会「貧困・格差に起因する経済的損失の推計」作業チーム（2010）『「貧困・格差に起因する経済的損失の推計」作業チーム中間報告　中間報告貧困層に対する積極的就労支援対策の効果の推計』

この文献は、「貧困層の若者に対するインテシブな職業訓練プログラムの費用対効果を推計すること」を目的に、「就労支援を行った場合の費用と、行わなかった場合に係る費用と生涯にわたる納税額・社会保険料額、生活保護費を推計し、それらを比較することによって効果を測定」した結果を紹介している。基本的考え方としては日本財団子どもの貧困対策チーム（2016）と（同様の）考え方と推計方法であると言える。費用対効果を計算するために、職業訓練の費用やプログラム期間中の生活保護費を計算し、シナリオ別に費用対効果（本文献では「費用対便益」）として示している。

3. 垣田裕介（2016）「ホームレス自立支援センターの費用対効果の推計」『福祉社会科学』大分大学大学院福祉社会科学研究科、第 6 号、pp.85-88

この研究資料は、ホームレス自立支援法の趣旨に基づいてホームレス対策事業として実施されているホームレス自立支援センターについて、財政面での効果や意義を明らかにすることを目的としたものである。その推計結果の概要は次の通りである。

> 9,234万円の事業費で、1億3,260万円の行政コスト削減効果（差額4,026万円
> ＝44％の効果）
> （1億3,260万円の内訳＝1,307万円の税・社会保険料徴収増＋1億1,953万円の
> 生活保護費抑制）
>
> 　　　　　　　　　　　　　　　　　　　　　　　　（P.85より引用転載）

　推計方法としては、自立支援センターの退所者105人の中の「就労決定者」48人に注目し、それぞれの雇用形態に合わせて給与等と税・社会保険料を推計しており、その合算額を直接的ベネフィットとして計算している。さらに潜在的ベネフィットとして就労等による生活保護費抑制の効果についても計算している。この直接的ベネフィットと潜在的ベネフィットを合算したものが「行政コスト削減」額となり、そこから自立支援センターの事業費を差し引いた額が純ベネフィットとなる。純ベネフィットを事業費で割った結果が費用対効果として示されている。

4. 一般社団法人釧路社会的企業創造協議会（2014）『生活困窮者等への中間的就労（非雇用型）の場のモデル創出事業　報告書』（平成25年度セーフティネット支援対策等事業費補助金／社会福祉推進事業）

　この文献は、釧路市において2004（平成16）年度から取り組まれている生活保護受給者の自立支援の「釧路モデル」が、受給者当事者の日常的自立、社会的自立に大きな成果を上げているが、そのさらなる改善にむけた課題検証や今後の取り組むべき方向についてまとめられた内容である。その中でSROI（Social Return on Investment：社会的投資収益率）によって支援の評価を行っている。

　このSROIは「ステークホルダー毎に社会的事業によりもたらされる多くのアウトプットから、社会的・環境的・経済的価値となるインパクトを抽出し、代理指標を用いて貨幣価値に換算（定量化）するもの」であり、「費用便益分析と財務分析を合わせたもの」である（P.22）。このSROIを中間的就労事業へ適応した理由としては、「社会的居場所づくりと雇用創出を目的とする中間的就労のような営利性を持たない事業では、財政的評価のみでは測れない社会

的価値がある」とまず指摘している（P.22）。さらに「事業の性質上、NPO、民間企業、行政、参加当事者など多くのステークホルダーが参画し、民間及び公的資金が投入されていることから、各ステークホルダーのミッションを達成できているか、あるいは改善すべき点がないか PDCA サイクルへ組み込むための確認評価が必要」であるともしている。その上で、SROI は「社会便益性を定量化できる」としており、その評価方法としての有効性を述べている（P.22）。

　SROI の評価プロセスは、次のように大きく分けて 6 つの工程がある。このプロセスによる評価結果からは、中間的就労事業が投資額に対して 2.19 倍（＝SROI）の価値を生み出していることを明らかにしている（P.26）。

Stage 1　事業に関係する受益者の特定
　　　　　事業に関係する受益者（＝ステークホルダー）が誰なのかを明らかにする。また、ステークホルダーは事業の評価対象者として、あるいは評価プロセスに加わる。

Stage 2　インパクトマップの作成
　　　　　評価対象とする事業には、どの程度の費用が投入（＝インプット）されたのか明らかにする。また、事業がどのような変化（＝アウトカム）をもたらしたのか、その変化からどのような活動に繋がったのか、ステークホルダー毎に明らかにする。

Stage 3　金銭換算指標を用いてアウトカムを定量化
　　　　　Stage 2 で明らかとなった各アウトカムは、直接的に測れないものについて、代理指標である金銭換算指標を用いて定量化する。

Stage 4　事業の価値（＝インパクト）の特定
　　　　　Stage 2, 3 で定量化したアウトカムについて、もし事業がなかった場合のアウトカムの発生割合や貢献割合などを考慮して事業が生み出した価値（＝インパクト）を特定する。

Stage 5　ソーシャルリターンの算出
　　　　　インプットとインパクトをそれぞれ合算して、SROI 値を算出する。

Stage 6　SROI の共有
　　　　　ステークホルダーと評価結果及び事業の社会的価値を共有する。事業による社会的価値を見える化することで、事業価値や改善点が明らかとなり、効果が事業改善や投資の再分配につながる。

（P.23 より一部改編の上引用転載）

表 11-5　SROI による評価結果

項　　目	金　　額
投資費用（インプット）	17,309,091
社会的価値（インパクト）	37,972,980
SROI	2.19

P.26 を基に筆者作成

III.　費用対効果の推計と考察

1.　推計方法における 2 つのアプローチとその限界

　それでは、NPO 法人抱樸として行った中退防止事業の事業費用に対して、対象者に対してどのような費用的効果をもたらすことができたのであろうか。前節の一般社団法人釧路社会的企業創造協議会（2014）が用いた SROI については、その影響範囲について特定することや代替換算基準が高校生だと設定が難しいと考えられるため、今回は用いないこととにする。そうなると、①日本財団子どもの貧困対策チーム（2016）による社会的損失の推計方法か、あるいは②ナショナルミニマム研究会（2010）と垣田裕介（2016）が行った支援内容コストに対して、どれだけの税・社会保険料の納付額を生み出したのか（直接的ベネフィット）、そして生活保護費を中心とした社会保障給付費等の行政コストの削減効果をもたらすのか（潜在的ベネフィット）から費用対効果を推計する方法の 2 つになる。ただし、②の方法は大人が就労するという流れが明確なために直接的及び潜在的ベネフィットの推計が行うことが可能であるが、高校中退防止事業の場合は子どもであり、就労のような明確な出口が見えにくいために収入とそこから推計される税・社会保険料額を推計することはむずかしいと考えられる。

　以上を踏まえると、①の社会的損失の推計方法であれば可能であるように思われるが、マクロ推計で有効な方法が、今回のような対象者 36 名の推計においては誤差が大きすぎるようにも思われる。このように①と②のいずれの推計方法においても限界があるように思われるが、その推計方法での限界点まで

可能な限り推計を行い、高校中退防止事業の費用対効果に迫ってみることにしたい。

2. 就労することによって得られる収入と税・社会保険料額の推計

　まずは①の方法を参考にして、本事業が終了した時点である 2020 年 3 月時点で卒業もしくは中退した対象者 13 名をピックアップし、その就労状況を基に厚生労働省「賃金構造労働統計年報　平成 29 年」の「賃金構造基本統計調査」を参考にして男女別、雇用形態別、就労期間別の集計値を参考に推計を行った（表 11-6）。このデータセットを基にして高校卒業後就労した対象者と、高校を中退してアルバイト就労した対象者に分けて、それぞれの将来年収の期待値の平均を求めた（表 11-7）。高校中退とは中卒で働くということであり、その学歴の違いによって年収ベースで約 38 万円、月にすると約 3 万円ほどの差が出ることがわかる。中退防止事業の重要性がよくわかる結果である。

　次に個々の推計データを基に、個々の社会保険料（医療保険、年金保険）、

表 11-6　卒業及び中退者の状況と所得推計

区分	性別	結果分類	就労時点での年収	生涯賃金	将来年収の期待値
卒業	男	高卒就労	174.6	12794.5	278.1
		高卒就労	174.6	12973.9	282.0
		専門卒就労	193.8	13938.0	303.0
		生活保護	0	0	0
		無業	0	0	0
	女	高卒就労	166.4	9214.2	209.4
		高卒就労	166.4	9397.5	208.8
		高卒就労	166.4	9566.8	208.0
		専門卒就労	191.8	11454.0	254.5
中温	男	アルバイト	173.2	12964.3	275.8
	女	アルバイト	165.8	8544.0	189.9
		アルバイト	165.8	8704.7	189.2
		アルバイト	165.8	8704.7	189.2

表 11-7　卒業、中退別に見た将来年収の期待値

		人　数	将来年収の期待値
卒業	就労	7	249.1
	生活保護・無業	2	0.0
中退	アルバイト就労	4	211.0

表 11-8　税・社会保険料の納付額とその比較

	税・社会保険料	事業効果
中退防止支援	2,000,818	1,343,128
仮定①中退＋非正規雇用	1,682,246	1,024,556
仮定②中退＋パートタイマー	657,690	0
生活保護受給	0	− 657,690

税（所得税、住民税）の負担額を、対象者の居住地域の保険料率等を参考にして推計をした。それを合算したものが表11-8である。中退防止の行が、先のデータセット13名が就労した最初の1年間で納付することとなる税・社会保険料の総額である。仮定①中退＋非正規雇用と仮定②中退＋パートタイマーは、仮に中退防止支援が取り組まれなかった場合に13名全員が中退し、そのうち就労していた11名が非正規雇用として就労した場合（仮定①）と、同じくその11名がパートタイマーとして就労した場合で推計した場合（仮定②）である。事業効果は、仮定②を基準として差を求めたものである。この13名に限って考えれば、支援を行わなかった場合と比較して約134万円の税・社会保険料増へとつながった。

　表11-8を基に、さらに将来期待できる税・社会保険料はどれぐらいになるのか、「賃金構造基本調査」のデータを参考にして就労した11名が65歳まで就労すると仮定して、それぞれの生涯賃金を推計した。さらに生涯賃金を65歳になるまでの期間の長さで求めた数値を将来の年収の期待値として推計した。この年収の期待値から、現在の社会保険料率や税率をそのまま適用して個々の税・社会保険料を推計し、合算した結果が表11-9である。就労してま

表 11-9　将来期待できる税・社会保険料の納付額（年額）とその比較

	税・社会保険料	事業効果
中退防止支援	5,765,574	2,499,652
仮定①中退＋非正規雇用	4,954,530	1,688,608
仮定②中退＋パートタイマー	3,265,922	0
生活保護受給	0	－ 3265922

もない時期を乗り越え、賃金カーブが平均的に上昇することが前提となるが、その結果は中退防止支援を行うことで仮定②と比較して約250万円の税・社会保険料の納付額を増やすという結果が導き出された。

3. 費用対効果の推計結果

　先の推計結果は卒業及び中退した対象者13名に絞った推計結果であったが、次に本事業の対象者である36名に拡大して、13名と同じような比率で就労と生活保護の受給をすると仮定して、先の表11-10の推計結果をそれぞれ2.77倍（36/13倍）することで、将来に期待される税・社会保険料を推計した。その結果、税・社会保険料は単年度で約1,600万円が期待され、仮定②と比較した事業効果は1,018万円であった。この1,018万円を中退防止事業の単年度予算である350万円で割って求めたのが費用対効果となり、事業費用に対して2.91倍の税・社会保険料を生み出すことが期待されることが分かった。

　以上の費用対効果の推計結果から、高校中退防止事業は福祉の受け手から将来の福祉や地域社会の支え手・担い手へと変える役割を担うことが可能であり、個人の幸福追求権の実現のみならず社会全体にとっても有用性があると言える。

表 11-10　中退防止事業の費用対効果の推計結果

	税・社会保険料	事業効果	費用対効果
中退防止支援	15,966,204	10,188,035	2.91
仮定①中退＋非正規雇用	7,851,015	2,72,846	0.59
仮定②中退＋パートタイマー	5,778,170	0	0

第 **12** 章

子どもの社会的排除に対する地方都市における取り組み

I. はじめに

　2014 年 1 月に「子どもの貧困対策法」が成立し、同年 8 月には「子どもの貧困対策大綱」が閣議決定され、これを基に国民運動的側面も含めながら、子どもの貧困対策が取り組まれている。放課後無料塾のような学習支援、不登校支援、子ども食堂など、多様な主体により多様な取り組みが行われている。

　本書ではここまで見てきたように、子どもの貧困を、経済的困窮だけでとらえることをせず、関係性の欠如や心の貧困なども視野に入れた社会的排除を鍵概念とし、子どもの居場所づくりや学習支援、そして社会参加支援を社会的包摂の取り組みとして位置づけた（志賀：2016）。そしてこのような子どもの社会的排除に対して、中・小規模な地方都市においてどのような取り組みが行われているのかを訪問し、視察・ヒアリングを通して成果と課題について明らかにすることを通して、今後の地方での取り組みについて示唆を得ることを目的とする。

II. 研究方法と倫理的配慮

　研究方法としては、中・小規模の地方都市において、子どもの社会的排除に対して先行的に何らかの取り組みをしている地方自治体や民間団体等をリストアップして視察・ヒアリングを行い、各団体・組織等が取り組んでいる内容や

課題を分析することを通して、社会的排除に対する効果的な取り組みを検討することとした。

　調査内容については、地域の特性と現状、事業の内容、取り組むに至った背景や経緯、成果、今後の課題等についてヒアリングを行った。倫理的配慮として、日本社会福祉学会研究倫理指針に則り、担当者に研究テーマの説明やヒアリング内容の取り扱いについて説明をし、同意を得た上でヒアリングを行ったり、写真撮影を行った。

III. 高知県における子ども食堂への支援

1. 地域の概要と子どもの社会的排除（貧困）に関する課題

　高知県は推計人口 711,423 人で、人口減少傾向にある地域である [39]。高齢化率が高く、一方で若者や子どもへの貧困対策といった福祉ニーズが高い地域でもある。ここでは、高知県における子どもへの貧困対策の一環として取り組まれている子ども食堂への支援の取り組みについて紹介する。

　高知県が作成した「高知家の子どもの貧困対策推進計画」（2016 年 3 月）によれば、生活保護世帯やひとり親世帯、あるいは児童養護施設といった何らかの福祉ニーズのある家庭の子どもの割合は 12.4%（2015 年）であり、同年全国平均より約 1.5 倍多い。また、生活保護世帯及びそれに準じる世帯に対する就学援助の割合（就学援助率）は 25.37%（2013 年）と、同年全国平均より約10 ポイント高い。以上から、高知県全体としてみると、子どもの貧困への対策が必要な地域であると言える。

2. 事業の概要

　高知県行政として、児童家庭課が主管となり子ども食堂への支援を行っている。「『子ども食堂』は、保護者の孤立感や負担感を軽減する場・地域における見守りの場としての機能が期待されることから、県として積極的に支援します」という姿勢を明確に打ち出している [40]。この「子どもの居場所づくり推進事業」では、子ども食堂の立ち上げや継続等への支援を行い、県内各地に多

様な子ども食堂を増やすことを目指している。子ども食堂の検討・立ち上げ段
階への支援、及び活動の継続・充実への支援については高知県社会福祉協議会
に委託して実施されている。これとは別に子ども食堂支援事業費補助金とし
て、開設・運営に意欲のある民間団体等に対して①開設等に要する経費に対し
1か所1回限りで10万円以内を補助、②運営に要する経費に対し1回あたり
6,500円以内を補助（ただし、上限は月4回で、夏休み等は週3回となってい
る）の2つの補助を行っている。また、「高知県子ども食堂支援基金」を創設
し、趣旨に賛同した個人・企業などからの寄付を募り財源としている。2018
年2月13日時点で3,491,134円の寄付が集まっており、これに県の公費と合
わせて「高知県子ども食堂支援基金」へ積み立て、『子ども食堂』を運営する
団体へ補助を行っている[41]。

　視察した活動の紹介

　以下に、視察した子ども食堂のうち、4か所について紹介する。

（1）　水曜校時カフェ（こども食堂こうち実行委員）

　水曜校時カフェは、こども食堂こうち実行委員が高知医療生活協同組合の
診療所跡地である地域交流センター城北を活用して、毎週水曜日16時から19

写真 12-1　水曜校時カフェの様子

時に行っている。地域の子どもは、地域で見守り育てることを目指しており、地域の親子が集い、食事だけではなく自由に遊べるスペースもあることから、毎回多くの親子が利用している。特に平日の夕食を提供しているところは少ない中で、徐々に参加者が増えてきている。現役の和食と中華の調理師、主婦や大学生がボランティアとして運営に関わっている。子どもは無料であるが、大人は1食300円で提供されている。

（２） こども広場 （川上食品）

有限会社川上食品が2016年から始めたこども広場は、365日毎朝6時30分から9時30分（日祝は7時00分から10時30分）まで運営されている大変ユニークな子ども食堂である。これは川上食品が惣菜業を営んでおり、かつビジネスホテル等の朝食の提供を行っていることから、日常の業務の中で事業所内の一部を開放することで運営が可能となっている。いわゆるフードロスの活用にもつながっており、予約も不要でいつでも自由に利用することができる場所となっている。中学生までの子どもは無料で、付き添いの大人は200円、大人だけの利用の場合は300円となっている。開設当初は利用者もまばらで代表の川上氏も複雑な心境であったようであるが、現在は子どもたちにとって貴重な居場所となっている。

写真 12-2　こども広場の様子

（3）くろいわ Kitchen ほっぺ（黒岩いきいき応援隊）

　高知市の中心街から車で1時間ほどの距離にある佐川町の黒岩地区は、田園の広がる緑の多い地域である。ここにある集落活動センターくろいわを活用して黒岩いきいき応援隊が毎月1回不定期で開催しているのが「くろいわ Kitchen ほっぺ」である。地域には未婚の60歳を超える男性が多く、子どもと高齢者の孤食をなくし、学校休業日を活用した居場所づくりを目的としている。

　食材は地域のボランティアの持ち寄りも活用しており、視察時には地元で獲れた鮎が届けられ、朝から複数の高齢の男性ボランティアが炭火で焼いていた。高齢・過疎化が進む地域で有志が集い黒岩いきいき応援隊という市民グループを立ち上げ、地域内でのさまざまな行事の開催に取り組んできた。そのような地域力のさらなる発揮を目的として県の助成を受けて集落活動センター

写真 12-3　くろいわ Kitchen ほっぺの様子

を誘致し、センターを有効活用しているのが特徴としてあげられる。

（4）　えいや家（NPO 法人 GIFT）

　えいや家は、高知市西部地域に属する鴨田地区にある有料老人ホームあっとホーム 1 階のコミュニティスペースを活用して、2016 年 11 月から、NPO 法人 GIFT が開設している子ども食堂である。代表の眞鍋大輔氏はお寺の住職でありながら、地域の子どもたちが安心して過ごせる子どもの居場所づくりに取り組んでいる。その活動理念は「すべての人が無限の可能性を感じ、夢をかなえるために自信を持って自由にチャレンジできる世の中をつくり、世界を笑顔と絆でつなぐ」となっている。事業内容は子どもの居場所の提供、子育て相談などの相談事業、学校でのワークショップ開催などの人材育成事業に取り組んでいる。

写真 12-4　えいや家の様子

　えいや家は、毎週水曜日の 16 時 30 分から 20 時 00 分まで開催し、対象は 3 ～ 18 歳の子ども・保護者・地域の方で、無料で利用することができる。財源としては NPO への寄附金、フードバンク、高知県の補助金などを活用している。2018 年 2 月時点では、今後はさらに 2 か所の子どもの居場所の開設を目指しているとのことである。事業実施にあたり留意していることとしては、①多様な学びの場である、②子どもにできる限り寄り添う、③いつまでもそこにあり続ける、④サービスではない、⑤自立した運営を目指す、以上 5 点である。

　食事の提供では、地元の高校生ボランティアなども参加し、大人から子どもまでが協力し合って調理をしている。また、カフェスペースだけではなく、有料老人ホーム内のホール等の他のスペースも利用しながら、子どもたちの居場所を提供している。ただし、現時点では有料老人ホームに入居している高齢者との交流については行われておらず、検討している状態である。また、NPO 代表の眞鍋氏は近隣の小学校で毎月 1 回開催されている「楽しく朝食を食べる会」の活動にも関わっており、同地域における子どもの居場所づくり活動のキーパーソンとなっている。

3.　事業の成果と今後の課題

　2018 年 2 月時点で「高知家子ども食堂」に登録されている子ども食堂は 24 か所となっている[42]。開設も県全域に広がっており、今後も増えることが見込まれている。これだけの広がりを持つことができている背景には、高知県行政が積極的に支援を行っていることが挙げられるが、それだけではなく取り組んでいる地域住民の課題共有も看過できない。大都市圏からも距離があり、雇用状況も厳しく、生活困窮に対する危機感が共有されている。特に孤立などに代表される社会的排除に対して、子ども食堂という取り組みを通して子どもだけではなく親（保護者）も含めた居場所づくりは、まさしく社会的包摂を志向した地域活動であると言える。また、惣菜業であるという点を活用した民間企業の取り組みは、大変ユニークであり、関門地域における同業者でも十分実施が可能である。

　今後の課題としては、高知県社会福祉協議会が委託を受ける形で、事業が継続できるようにコンサルティングを行うことが、どれだけ成果につながるのかという点であろう。子ども食堂の運営には継続性が重要である。せっかくの子どもや子育てに悩む親の居場所となったとしても、運営が不安定であったり、突然閉鎖ということになると、場合によっては逆効果になりかねない。このような先進的な取り組みの成果に、今後も注目が必要である。

Ⅳ. 高知市における子どもへの学習支援事業

1. 地域の概要と子どもの社会的排除に関する課題

　高知市は、四国の中南部に位置し、高知県の県庁所在地である。1998 年から中核市となっており、2018 年 2 月 1 日時点での人口は 332,119 人、世帯は 163,176 世帯である[43]。生活保護の動向としては 2016 年度 3 月末時点で 36.6‰であり、2012 年度の 38.3‰をピークに近年は減少傾向にある[44]。しかし、高知県全体では 27.5‰（2016 年度）であり、市部の中では室戸市に次いで高い数値となっている。その理由としては厳しい雇用情勢と高齢者世帯の増加、医療機関の集中と高知県内で唯一の 2 級地であることから保護費が低い隣接市町村からの流入が挙げられる。

2. 事業の概要

　このような社会状況の中、貧困の連鎖を断ちきることを目指して、2011 年 4 月から「高知チャレンジ塾」を立ち上げるべく健康福祉部と教育委員会が連携しながら計画を立て、ボランティアの確保も視野に高知大学及び高知県立大学とも連携しながら準備を行った。このような流れが作られた背景には、2007 年に就任した岡崎誠也市長（現職）と、当時の教育長及び健康福祉部長による理解と積極的に取り組むという方向性が打ち出されたことが大きい。

　準備を進める中で、退職した教員のネットワークを基盤にして立ち上げられた NPO 法人高知チャレンジ塾へ委託する形として、2011 年 11 月 15 日に学習支援がスタートした。対象は生活保護世帯等の中学生で、当初は市内 5 か

表 12-1　参加生徒数の推移

年　度	参加生徒数	生活保護世帯（内数）
開始時	83 名	30 名
2011 年度末	223 名	69 名
2012 年度末	336 名	106 名
2013 年度末	406 名	107 名
2014 年度末	414 名	107 名
2015 年度末	391 名	121 名
2016 年度末	393 名	103 名

（資料）高知市健康福祉部福祉管理課作成資料より筆者作成。

所に開設された。その後、2013 年度には 10 か所に増設されている。開始時から 2016 年度末までの参加生徒数と、その内の生活保護世帯の子どもの数の推移は表 12-1 の通りである。

　スタッフとしては、福祉事務所が配置する就学促進員が 3 名（2017 年 3 月時点）、ボランティア等の学習支援員が 70 名である。週に 2 回 18 時 45 分から 20 時 45 分まで開かれている。財源としては生活困窮者自立支援法に基づく補助金（補助率 1/2）を活用している。事業の流れのイメージは、図 12-1 の通りである。

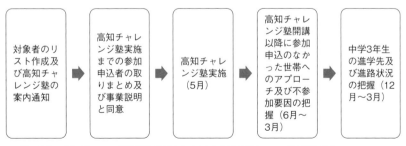

※5月〜3月　高知チャレンジ塾実施期間中における参加申込については随時受付

図 12-1　事業の流れ（イメージ）

（資料）高知市健康福祉部福祉管理課作成資料より一部改編の上転載。

3. 事業の成果と課題

　高知チャレンジ塾卒業生の進学後の追跡調査も行われている。2014 年度の卒業生 39 名中 38 名進学、2016 年 10 月時点で高校 3 年生 36 名が在学している。2015 年度の卒業生 53 名中 52 名進学、同時点で高校 2 年生 47 名が在学している。さらに、高校卒業後の進路まで追跡調査も行われており、その結果は表 12-2 の通りである。高等教育機関への進学や正規就労へとつなげることができており、一定の成果を達成することができていると言えよう。また、ミクロ的視点に立てば、これだけの子どもたちの教育機会の保障へとつなげることができているとも言える。

　福祉管理課の担当者によれば、今後の課題として、①高知チャレンジ塾への参加促進、②中学校卒業後の進路未定者や高校中途退学者への支援、③学校生活や家庭環境等の問題により学習に至っていない世帯への支援の 3 点が挙げられている。①については、すべての生活保護世帯の中学生が参加しているわけではない点や、経済的困窮以外の困難を抱えて支援を必要としている子どもたちを視野に入れていると言える。②については、卒業後の継続的な支援の必要性を示しており、坂本（2016）で指摘している点と合致する。さらに③については、そもそも学習意欲の低下も見られるような子どもたちに対する働きかけの必要であり、佐賀のスチューデント・サポート・フェイス（SSF）のよ

表 12-2　高校卒業後の進路

年度	進学	就職
2011 年卒業生 （16 名）	専門学校　4 名	正規就労　3 名
2012 年卒業生 （41 名）	職業訓練施設　1 名 専門学校　6 名 短期大学　3 名 大学　3 名	正規就労　4 名 非正規就労　3 名
2013 年卒業生 （55 名）	公共能力開発施設等　1 名 専門学校　9 名 大学　5 名	正規就労　10 名 非正規就労　13 名

（資料）高知市健康福祉部福祉管理課作成資料より筆者作成。

うなアウトリーチによる訪問型学習支援の必要性を指摘していると言える。

V.　糸満市学習等支援事業「いまなび」

　沖縄県の沖縄本島南部に位置する糸満市は、人口6万人程の小規模な地方都市である。西部に公務員官舎があり、市全域で見ると住民の生活には開きが見られる。市全体の被保護率は19‰（2014（平成26）年度平均）である。貧困の連鎖は起きており、中卒の学歴が繰り返され、中学校を卒業した後に高校へ進学しようという目標を保護受給世帯でくらす子どもたちに持ってもらうことも困難な状況があった。中卒では将来の職業選択の幅が限られるため、その選択肢の幅を広げるためにも高校進学へと目標を持ってもらいたいが、親がその選択肢を提供できない現状があった。この貧困の連鎖を断ち切ることを目的として、2012（平成24）年5月から、モデル事業として集合型学習支援の事業に取り組んできた。

　2016（平成28）年度は、一般社団法人教育振興会に委託して、実施している。対象は市内在住で経済的に困窮している家庭に属する中学1年生から3年生である。場所は糸満市の西部に開室している。時間は月曜日から金曜日までの平日のうち、週2回、15時から21時までの間利用することができる。費用負担は無料であり、定員は30名である。直接的に学習を指導する支援員が2名、全体を統括している委託先の責任者が1名、それとは別に市の社会福祉課の支援相談員が1名配置されている。毎回の参加者は、だいたい10名から15名程度である。

　特徴的な取り組みとしては、地場産業に応じたキャリア教育の展開が挙げられる。具体的には糸満市には漁師町があり、漁業が盛んである。実際に漁師に来てもらい、具体的な仕事内容や経費、そして所得等まで学ぶ。その上で実際に海釣りに参加している。これは子どもたちに住み慣れた地域で生きていく術を教えるということと同時に、地域の産業の担い手をどう育てていくのかへとつながっている。

　今後の課題としては、①中学校卒業後のフォローができていないが高校へ

進学しても継続的な支援が必要、②定員は 30 名だがもっとニーズがあるのではないか（現在はほとんどが母子、無就労世帯）、③教育機関との連携によるより手厚い支援が必要、といったことが挙げられた [45]。

VI. 福山市子ども健全育成支援事業

　福山市は広島県東部に位置し、隣接する尾道市とともに広島第二の経済圏を形成する中心的地方都市である。人口は約 47 万人（2017（平成 29）年 1 月時点）である。

　生活保護の支援に長年携わった経験から、貧困の連鎖を感じたケースワーカーからの発案で、子どものいる生活保護受給世帯に実態調査を 2009（平成 21）年に実施した。その結果、生活保護受給世帯に属する子どもと、それ以外の子どもの間に明確な格差が明らかとなった。これを踏まえて、まずは高校進学の支援ということで、2010（平成 22）年度から市の直営方式にて集合型学習支援を開始した。

　2016（平成 28）年度には、子ども健全育成支援事業という枠組みで、生活保護の受給世帯を含む生活困窮世帯の子どもとその保護者に対して、貧困の連鎖を断ち切るべく、進学や就労に向けた支援、学習、環境の整備等、次世代育成支援等を展開している。支援体制としては、専門知識を持つ「家庭・教育支援員」及び「家庭訪問員」「教育アドバイザー」を配置している。具体的な支援内容としては①児童・生徒登校支援、②高等学校等進学支援、③子どもの居場所を兼ねた学習支援、④高校中退防止支援を行っている。さらに連携体制構築のために教育委員会、福祉部、児童部が連携してアウトリーチ担当者会議を随時実施し、効果的な子どもおよび保護者支援につないでいる。

　これまでの事業を通して、担当者としては次のような見解に至っている。①経済的・生活的自立だけではなく社会的自立の視点を重視すべき、②貧困の連鎖が確実に続いていることを認識する、③主体的に自分が選び取れる自律を獲得させる（知らないことは思いつかないし、経験の無いことは選択肢に入りにくい）、④本人の努力を超えたリスクに対しては社会が対応するという制度

の役割が重要、という4点である。なお、今後の課題としてはボランティアの確保が挙げられる。特に近隣の大学との連携も過去にあったが、現在は途絶えており、新たな連携に向けた関係づくりを検討する必要があるとのことであった[46]。

VII.　姫路市学習支援事業

　姫路市は兵庫県西部に位置し、兵庫県西部一帯の播磨地域の中心都市である。人口約53万人（2017（平成29）年2月時点）の中核市である。

　姫路市における学習支援事業は、生活保護に携わっているケースワーカーの間で、高校進学支援を中心とした学習支援の必要性が提起されてきた。2013（平成25）年度に、生活保護制度の中でセーフティネット補助金を活用し、生活保護受給世帯へ訪問型の学習支援を開始した。これに伴って中学校教員免許を有する元公立中学校教諭を嘱託職員として1名採用した。さらに生活保護地区担当ケースワーカー有志によって、夏休みや浮流休み等の長期休暇期間に学習会を実施した。

　2014（平成26）年度からモデル事業を開始し、NPOへの委託による集合型学習支援事業を開始した。対象は生活保護受給世帯及び生活困窮世帯に属する中学生30名であった。2015（平成27）年度からは本格実施となり、前年度のモデル事業の実績から委託予算を倍に増額した。これにより集合型支援の定員を45名に増員し、各学年15名ずつとなった。これとは別に個別訪問型事業支援員を嘱託職員として増進した。2016（平成28）年度は、集合型学習支援の学年別定員を変更し、定員枠を柔軟に運用することとした。集合型学習支援では毎週1回90分の授業を行っている。長期休暇中はや定期テスト前は週2回としている。保護者への受験情報提供や教育相談の実施、お楽しみ会の開催や清掃ボランティア活動などの居場所づくりや社会参加経験の場も提供している。講師には有償の大学生ボランティアも参加している。個別訪問型支援事業支援員の内1名を任期付きフルタイム職員（学習支援専門のケースワーカー）として採用し、支援対象者に合わせ訪問時間を柔軟に対応できるようにした。

成果としては、高校への進学実績だけではなく、社会性の向上や学校生活の安定、支援員からの保護者への働きかけによる学習環境の改善などが見られた。今後の課題としては、①開催場所・訪問支援の範囲拡大、②参加をすすめるための広報の工夫、③支援拒否などによって介入できないケースがある、④事業の継続性のための予算の確保が必要、といった点が挙げられた[47]。

VIII. お わ り に

本章では各地方で取り組まれている事業・活動を紹介してきた。これから取り組む（地方の）地域にとっては参考になるかもしれないが、すぐに導入できるかどうかは各地域の実情によるところが大きい。しかし重要な点は誰かがやるのではなく、「自分たちがする」という意志に基づいて活動を始める実践力であろう。一方でそれらの事業・活動を行い続けていくためには、一定の財政基盤が重要である。沖縄県で学習支援活動が活発な背景には、中央政府による沖縄振興策による財源提供がある。

企業等から寄付を募ることも求められるが、このコロナ禍で一気に疲弊した地方経済の影響は計り知れない。地域にあるあらゆる社会資源を活用するとともに、多くの地域住民の支持が得られるようなソーシャルアクションも必要である。

第 **13** 章

「高齢化団地」における子どもへの支援活動の実践とその成果及び課題の分析

I. はじめに

　一般的に、「高齢化団地」というのは、高齢者が多く、福祉ニーズについても高齢者を対象とした支援のあり方を検討することが多いように思われる。実際、先行研究レビューを試みても、高齢化団地に対して多様な学問領域からアプローチされた研究を概観すると、その多くは高齢者支援に関するものである。実際、筆者も「高齢化団地」を対象としたアクションリサーチのような研究に関わらせていただいており、これまでに坂本（2017b）、坂本・石坂（2017）、坂本（2018）、坂本・石坂（2018）、坂本・宮島（2019）と発表をさせていただいた。これらの一連の拙論は、本論でも扱う同一の A 団地であるが、経年的に関わらせていただく中で分かったことは、「高齢化団地」にある福祉的課題は、高齢者を対象としたものだけではなく、むしろ多様な世代における多様な福祉ニーズが存在しているということであった。

　本章では、「高齢化団地」においても子どもの福祉ニーズは存在しており、多世代型の支援活動を通して、社会的包摂を志向した地域づくりの実践と今後の課題について述べることとする。その具体的な実践活動として、高齢化が進んだ A 団地内において夏休み中の子どもの居場所づくりとして北九州市立大学地域創生学群地域福祉コースの学生（以下、「学生」）が、2016 年 8 月から取り組んでいる通称「ATB 活動」について、2018 年までの 3 年間の活動内容とその成果について述べた上で、見えてきた新たな地域の課題について述べる

ことにする。

II. 高齢化団地の概要と福祉ニーズ

1. 高齢化団地において子ども支援活動へ取り組む経緯

　学生がA団地の自治会のお手伝いをさせていただくこととなったのは、2011年からである。当初は独居高齢者への安全見守り訪問活動のみを行った。2015年頃には、A団地管理運営者に学生の活動へ関心を持っていただき、協働して地域活動を行うようになり、団地住民への福祉ニーズ調査の実施や、活動に取り組んでいる学生をマスコミに紹介して頂くなど、連携して活動を行うようになった。2016年の春頃、A団地管理運営者から「夏休み中の欠食児童対策をしてもらえないか」という相談が筆者へなされた。当初、筆者は「高齢化した団地に欠食児童なんているのか？」と懐疑的であったが、管理運営者側からは「学校給食が止まる夏休み中に、充分にご飯を食べることができない子どもが団地内を徘徊している。痩せていくことが目に見えて分かる。何とかしたい」と説明を受けた。

　このA団地管理運営者からの提案に則って、学生から団地自治会へ「子ども食堂をしたい」と提案を行った。しかし、当初、団地自治会側からは「そんな子どもはいない」や「それよりも高齢者への支援を何か考えて欲しい」と言われた。それを受けてもなお、学生は熱心に企画を提案した結果、「団地内の子ども会が休眠状態であるため、会員獲得を名目に行ってみよう」となった。また、「子ども食堂という言葉はこの地域に悪いイメージが着くので使わないでもらいたい」という指摘を受けて、「小学生が大学生と一緒に勉強して、遊んで、そして無料でご飯が食べられる場所」を設けようということになり、2016年8月から、夏休み期間中の子どもの居場所づくりが始まることとなった。

　なお、活動の名称については、2016年度は上記の様な経緯もあったために「子ども食堂」とは表現せず、「大学生と遊ぼう」といったようなスローガン的な案内のみとし、特に定めた名称を用いていなかった。「ATB活動」という

名称は 2017 年度以降である。

2. 団地の概要

　高齢化した A 団地内において子どものへの支援活動を行うようになった
経緯について述べたところで、ここからは A 団地の概要について整理してお
く。その上で、高齢化した団地にも子育て世帯は存在しており、子どもに関す
る福祉ニーズは一定あることを示し、一般的に抱かれる「高齢化した団地」に
おける地域福祉活動だけではなく、多様な世代に視野を広げて考えていく必要
性について示すこととする。

　A 団地は、北九州市内にある、約 2,300 戸の集合住宅が集まった団地であ
る。1960 年代頃から建設され、早い段階から団地自治会が設立され、すでに
50 年を超えている。A 団地に居住している人口、世帯数及び平均世帯人数は
図 13-1 の通りである。ここ 30 年間の推移で見ると、世帯数についてはそれ
ほど大きな変化は見られないものの、人口は約 2,500 人ほど減少し、平均世
帯人数も 1.65 人となり、独居世帯が多くなってきていることが推察される。
A 団地における高齢化率は、2018 年 9 月末時点で 41.6%、75 歳以上の割合は

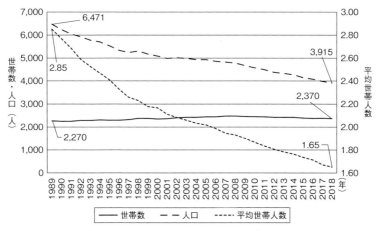

図 13-1　世帯数、人口、平均世帯人数の推移（1989 年〜 2018 年）
（資料）「北九州市の人口（町別）」を基に筆者作成。

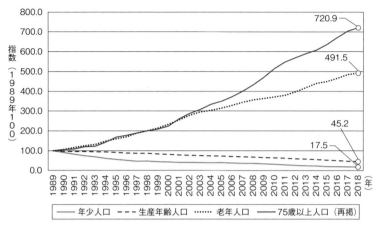

図 13-2　1989 年を 100 とした年齢別人口の推移（1989 ～ 2018 年）
（資料）前掲資料を基に筆者作成。

20.3%である。団地内の人口減少と共に、高齢化が進んできている。

　A団地に高齢化の推移について、もう少し見てみる。図 13-2 は、年齢別人口が 30 年間でどのように推移したのかを、1989 年を 100 として指数で表現したものである。これからも明らかなように、65 歳以上の老年人口は約 5 倍に増加しており、特に 75 歳以上については 7 倍を超えて増加している。それに対して、15 歳以上 65 歳未満の生産年齢人口は半数以下の 45.2 まで減少している。さらに、15 歳未満の年少人口については 17.5 と、約 5.7 分の 1 へと縮小している。以上のように、A 団地においては居住者の中で高齢者の占める割合が高くなってきている、いわゆる「高齢化団地」であると言える。

3. 高齢化団地における子どもの領域の福祉ニーズ

　高齢化が進展した A 団地における高齢者の福祉ニーズへの対応については、すでに坂本・石坂（2017）及び坂本・石坂（2018）において明らかにしてきた。その際に分析に用いたのは、A 団地管理運営者と北九州市立大学地域創生学群地域福祉コース学生、そして坂本が共同で実施した団地住民に対する医療・福祉ニーズに関する調査である。この調査データを用いて分析を進

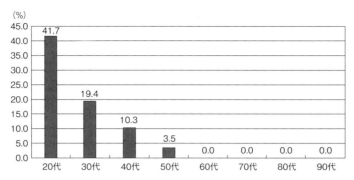

図13-3　年齢層別に見た「子どもを一時的に預けられるサービス・スペースを利用したい」割合（N＝775）

表13-1　子どもの預かりサービスの利用についての考え（N＝774）

年齢層	有料でも利用したい	無料ならしてほしい	不要
20 代	25.0%	25.0%	50.0%
30 代	16.7%	13.9%	69.4%
40 代	11.5%	8.0%	80.5%
50 代	3.5%	3.5%	93.0%
60 代	1.9%	0.5%	97.6%
70 代	0.5%	1.4%	98.2%
80 代	0.0%	0.0%	100.0%
90 代	0.0%	0.0%	100.0%
合計	3.5%	2.8%	93.7%

めると、高齢者だけではなく、子育て世帯において福祉ニーズがあることが分かった。

　図13-3は、年齢層別に「子どもを一次的に預けられるサービス・スペースを利用したい」と回答した割合を示したものである。これによれば、子育て世代と考えられる20代から40代にかけて利用したいという回答があった。特に小さい子どもを育てていると考えられる20代では41.7%と高い割合であった。

　表13-1は、同じく年齢層別に「子どもの預かりサービス」について「有料

でも利用した」「無料ならしてほしい」「不要」の3つに分けて示したものである。やはり20代から40代にかけて、利用したいというニーズが有料、無料ともにあることが分かる。

図13-4は、年齢層別に「子ども自身や子どもを育てている親を支援する活動」をボランティアとして「興味がある・実際に取り組んでいる」と回答した割合を示したものである。ここでは30代と50代において16%を超える回答をしている。8%から16%の割合で子どもを支援するようなボランティア活動に関心があることが分かる。

ここまで見てきたように、統計的に高齢化が進展した団地にあっても、子どもの数が昔よりは減少したとは言え、A団地内には子育て世帯が居住しており、子どもの預かりサービスへの希望や、子どもを支援するボランティア活動への関心は一定ある。つまり、高齢化した団地であっても、子どもの福祉ニーズはあると言える。

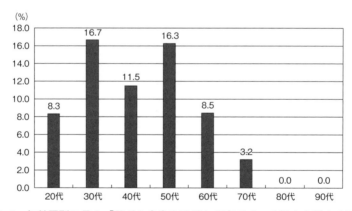

図13-4 年齢層別に見た「子ども自身や子どもを育てている親を支援する活動に興味がある・実際に取り組んでいる」割合（N＝775）

III. 実践内容

1. 2016年度（1年目）

　高齢化した団地であっても子どもへの支援活動は必要であることを示した上で、ここからは年度ごとにどのような活動を行ったのか、活動記録を基に紹介する。なお、2016年度については活動初年度ということもあり「まず活動をやってみる」に重きを置いたため、翌年度以降のような細かい活動記録が残っておらず、写真や坂本（2017）で書いた内容、そして学生の手帳の記録等を基に再構成を行った。

　2016年度は6月頃から、1年生が中心となって団地自治会へ赴き、活動内容の提案を行い、企画の実現を進めて行った。費用については、団地自治会の子ども会の会員勧誘のためという名目を立てて、自治会が行うバザーなどの売り上げ金を基に財源とすることとし、参加費は無料とした。実施場所については、団地自治会の事務所の入っている団地内集会所とし、その中の調理室、洋室、和室を団地管理運営者の協力のもと使用することとした。

　7月には参加募集チラシを作成し、A団地が校区に含まれる小学校の協力の下、各家庭へ配布された。定員はだいたい20名ほどとし、学生ボランティアも10名から15名程度で実施することとした。なお、高大連携事業の一環として高校生3名も加わっている。

　2016年度の実施日程と食事メニューについては、表13-2の通りである。初年度ということで、学生の学期末試験終了後、かつ帰省シーズンのお盆を外す

表13-2　2016年度の活動日程と食事メニュー

日　付	メニュー
8月19日	カレーライス
8月23日	三色ご飯、豚汁
8月25日	手打ちうどん
8月30日	そうめん流し

写真 13-1　活動時の案内看板

写真 13-2　1 日の流れ

写真 13-3　一緒に食べる昼食

写真 13-4　午後の外遊び

写真 13-5　中遊び

写真 13-6　中遊び

（資料）写真 13-3 と写真 13-4 は学生提供。それ以外は筆者撮影。

ということから 8 月 19 日から 30 日までの計 4 回とした。なお、残念ながらこの年度の参加児童数、ボランティア数については記録が残っておらず、正確なものをここに記すことができない。学生によれば、子どもは毎回概ね 15 名から 20 名程度の参加であったとのことであった。

　2016 年度実施の活動の様子については、写真 13-1 から写真 13-6 の通りである。

　1 日の流れとしては、9 時に学生が集合し、打ち合わせ、準備に取りかかった。だいたい 9 時半頃から子どもたちが会場にやって来た。午前中は夏休みの宿題に取組み、お昼に学生が作った食事を一緒に食べた。そして午後は企画した外遊びや中遊びを行い、15 時には解散した（写真 13-2 参照）。その後、学生は片付けを行い、反省会を行い、16 時には会場を後にした。

2. 2017 年度（2 年目）

　活動 2 年目となった 2017 年度は、「まずはやってみた」前年度の経験を踏まえて、プロジェクトマネジメントの手法を意識しながら実施することとした。その理由の一つには、「北九州市立大学　平成 29 年度特別研究推進費」において、「北九州地域における社会的包摂を志向したコミュニティワーク実践に関する実証的研究」というテーマで採択されたことにより、教育実践研究活動として位置付けし直したという側面もある。そのため、1 年目の反省に立って、活動の記録化にもこだわった。

　活動面では、まず名称として「ATB 活動」という名称が付けられた。これは団地自治会役員の方に命名していただいた。「A＝遊ぼう」「T＝食べよう」「B＝勉強しよう」の頭文字を取ったものであり、語感としても活躍しているアイドルの名称と似ていることから、早々にこの名称が使われるようになった。

　活動の準備では、前年に中心的に取り組んだ学生も 2 年生となり、活動方針を立て、積極的に活動準備に取り組み始めた。6 月頃から企画準備も進めていき、2 年生と 1 年生が一緒になって準備を進めていった。活動の財源については、前年と同様に団地自治会が開催しているバザーの売上金から出していただ

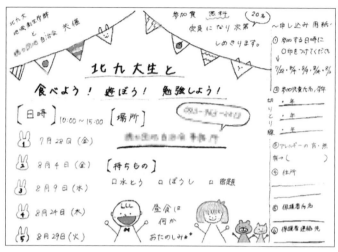

図 13-5　学生が作成した募集チラシ

表 13-3　2017 年度の活動日程と内容等の一覧

日付	メニュー	企画等	参加児童数	ボランティア数
7月28日	カレーライス	フルーツバスケット、ジェスチャーゲーム	23	21
8月4日	具だくさんぶっかけうどん、混ぜ込みおにぎり	しっぽ取り、風船バレー	25	17
8月9日	チャーハン、わかめスープ	イントロクイズ	27	21
8月24日	お好み焼き	映写会、トランプゲーム	16	20
8月29日	そうめん流し	クップ（スポーツ）	23	23
延数			114	102

くとともに、参加費は無料とした。7月には、小学校にご協力をいただいて募集チラシを各家庭に配布した（図 13-5 参照）。

　2017 年度の実施日程については表 13-3 のように、前年度の反省から、夏休みの始めの方から学生の試験日程とも調整しながら実施し、お盆の間の休み

表 13-4　8月4日の活動内容

時間	内容	時間	内容
9：00	集合	12：30〜	昼食片付け
9：30	打ち合わせ	13：00〜14：00	全体遊び（しっぽ取り）
9：30〜	受付・アンケート・	14：00〜14：45	自由遊び
10：00〜10：15	出迎え	14：50〜15：00	帰りの会・子ども解散
10：15〜11：30	朝の会	15：00〜15：45	片付け・ミーティング・
11：30〜12：00	宿題		学生解散
12：00〜12：30	食事準備		
	昼食		

を挟んで合計5回実施した。参加した児童の人数は延114名で1回の平均は22.8人、学生ボランティアの人数は延102名で1回の平均は20.4人であった。リーダー役、調理役などを除くと、児童2人につき概ね学生1名が担当することとなった。

　2017年度からは活動の記録化を掲げていたこともあり、毎回活動後に「ATB実施記録」を学生が作成した。参加児童数、参加学生数、当日のリーダー、1日の流れ、子どもたちの様子、気づき、活動のふりかえり、教員指摘事項等を記録し、主担指導教員（筆者）へ提出することとした。表13-4は5日間の実施記録から抜粋した8月4日の活動内容である。あくまで一例として示したが、基本的に毎回同様な流れで行った。

　写真13-7から写真13-16は、活動の様子を記録したものである。写真13-

写真 13-7　午前中の学習

写真 13-8　書道の宿題への取り組み

写真 13-9　学生による調理

写真 13-10　一緒に食べる昼食

写真 13-11　カレーライス

写真 13-12　三色ご飯と豚汁

写真 13-13　午後の企画

写真 13-14　一緒にオセロ

写真 13-15　３時のおやつ　　　　　写真 13-16　保護者へのお礼状

（資料）写真 13-7、写真 13-9、写真 13-10 は筆者撮影。それ以外は学生提供。

16 は全日程終了後、小学校の２学期が始まってから、小学校の協力のもと、参加児童の保護者宛に送ったお礼状である。また、図 13-6 は、参加した児童が後日、団地自治会事務所へ届けてくれた手紙である。

　先に述べた保護者へのお礼状と一緒に、保護者アンケートを配布した。これは、活動の成果を評価するためと、次年度に向けた課題点を洗い出すためことを目的としたものである。25 部配布し、14 部の郵送回収であった（回収率56%）。質問内容は以下の通りである。

①　ATB にお子様を参加させようと思った理由について教えてください。
②　ATB にお子様を参加させてみた、保護者としての感想を教えてください。
③　ATB に参加したお子様の感想を教えてください。
④　ATB への参加を通して、お子様の成長や変化を感じるようなことがありましたら、教えてください。
⑤　来年度の実施に向けて、ご要望をご自由にご記入ください。今後の活動の参考とさせていただきます。

　このアンケートの結果、子どもを参加させようと思った主な理由としては「夏休みの思い出になると思ったから」や、「ふれ合う機会のない大学生の方たちとの交流」への期待、そして「両親共に働いているので、長い夏休みをさみ

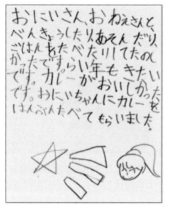

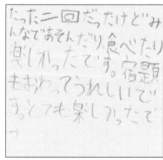

図 13-6　参加した子どもから終了後に届いた感想文

しく過ごして欲しくなかった」の3点を挙げることができる。特に共働きを理由とする回答が4名からあったことから、夏休み期間中、子どもだけで自宅で過ごしている状態が課題となっていることが分かった。

　保護者としての感想としては、概ね良かったという意見が多かった。「昼ごはんを用意していただけるのが、うれしかった」や「勉強も一緒にやってもらえて本当に助かりました」という意見は、ATB活動が子育て支援へつながることができた一つの成果であると言える。また「自分の将来を語りだしました」や「自分で考えて、行動するようになった」、あるいは「夕食のお手伝いを率先してやってくれました」という子どもの成長も見られたとの意見もあった。

　次年度に向けた改善点としては、「宿題だけでなく、ドリルのようなものも持っていって OK にしてほしい。」や「スポーツができれば」という内容に関する提案が見られた。また「参加した日の内容が親にもわかると良いと思いました」という意見も見られ、活動期間中も、子どもを通して保護者とどのように関われば良いのかを検討することも重要である。そして、「来年も続けて頂きたいです」という意見が多く見られ、無料であるという点があるとは言え、活動自体に大きな手応えをアンケート結果から感じることができた。

3. 2018 年度（3 年目）

　これまで 2 年分の活動実績を踏まえて、3 年目の活動では①活動費用を自主財源とする、②外部の社会資源と連携し支援を得る、③活動日数を増やす、の 3 つの方針を掲げた。5 月のゴールデンウィーク明けから準備を始め、2 年生の中から全体リーダーを選び、各活動日のリーダーを 1 年生から選んだ。その後、企画会議を繰り返しながら準備を進め、団地自治会とも調整を行った。

　1 つ目の方針の活動費用の自主財源化については、7 月に団地内で行われた夏祭りに 1 〜 2 年生で模擬店を出店し、その売り上げをまず確保した。それ以外に、大学周辺や団地周辺の商店や企業を回ってプレゼンテーションを行い、ATB 活動へ賛同して下さる方々から合計 65,000 円の協賛金を頂戴し、これを財源とした。2 つ目の方針である外部の社会資源との連携については、商店や企業から協賛金を頂戴することもここに含まれるが、それ以外にも特定非営利活動法人フードバンク北九州ライフアゲインからは食材の提供、モノレールを運営している北九州高速鉄道株式会社からは社会見学の提供をしていただいた。3 つ目の活動日数を増やすことについては、前年までの保護者アンケート結果等を参考にしながら検討を行い、1 回増やして合計 6 回とした。これら 3 つの方針にしたがって準備を進め、7 月上旬には図 13-7 の募集チラシを、例年通り小学校の協力によって各家庭に配布を行い、団地自治会事務所にて申し込み受付を行った。参加申込者に対しては図 13-8 の連絡事項を記載したプリントを配布した。

図13-7　学生が作成した募集チラシ

図13-8　学生が作成した参加者へ配布した連絡事項

　活動日程とその内容、参加児童数などについては、表13-5の通りである。前年度の評判も広まっているとのことから、平均すると1日あたり25名の児童の参加が見られた。これは前年度より約2名多いこととなる。特に初日は当初定員とした20名を大幅に超えていたが、ATB活動を始めるに至った経緯も踏まえて全員を受け入れることとした。また、3回目からはフードバンクか

表13-5　2018年度の活動日程と内容等の一覧

日付	メニュー	企画等	参加児童人数	ボランティア人数	備考欄
8月6日	カレーライス、果物ゼリー	映写会、平和学習	31	24	
8月8日	お好み焼き	缶けり、ジェスチャーゲーム	26	25	
8月10日	オムライス	フルーツバスケット	26	22	市内高校生2人参加
8月17日	おからハンバーグ、ポテトサラダ	ミッションゲーム、食育	21	27	市内高校生2人参加
8月20日	お弁当	モノレール基地見学、外遊び	23	33	市内高校生10人参加
8月24日	流しそうめん	伝言ゲーム、絵の伝言ゲーム、修了式	23	22	
延人数			150	153	14

　らの紹介で市内の高校性がボランティアとして参加し、5回目の8月20日の
モノレール基地への社会見学（写真13-26～写真13-30参照）では、多くの
ボランティアが必要であるということに応えるべく10名の参加があった。
　2018年度の活動の様子については、写真13-17から写真13-30の通りである。フードバンク北九州ライフアゲインからは、食材の提供（写真13-25は

写真13-17　午前の学習時間

写真13-18　書道の宿題への取り組み

写真 13-19　公園遊び

写真 13-20　公園遊び

写真 13-21　公園遊び

写真 13-22　食育の実施（カレーライス）

写真 13-23　オムライス

写真 13-24　ハンバーグ

写真 13-25　フードバンク提供のおやつ

写真 13-26　モノレール基地への移動

写真 13-27　モノレール基地見学

写真 13-28　モノレール基地見学

写真 13-29　モノレール基地でのランチ

写真 13-30　ランチ用のお弁当

（資料）写真 13-29 と写真 13-30 は筆者撮影。それ以外は学生提供。

図 13-9　学生が作成した保護者向けのお礼状

その一部）にあたって子どもたちへ食育を実施することを提案されたため、毎回昼食前にはその時のメニューなどに関する食育を、1年生が中心となって準備をして実施した（写真 13-22 参照）。

　2018 年度も前年度と同様に、小学校の 2 学期が始まった 10 月に、小学校の協力のもと保護者向けのお礼状（図 13-9）と質問項目が前年と同じ内容のアンケートの配布を行った。アンケートは 25 部配布し、17 部が郵送によって回収された（回収率 68.0%）。

　アンケートの結果を見てみると、まず、昨年度から引き続き参加した子どもは平均参加回数が 5.56 回に対して、はじめて参加した子どもは 3.75 回と少なかった。実際に「3 回の参加でした。他の日も行けばよかったと言ってました」や「3 日しか行かせてなかったのをとても後悔しました」という意見が見られ、参加した子ども達の満足度の表れであると言える。初めての参加の場合、どうしてもすべてを申し込むというのは難しいかもしれない点を踏まえると、受け入れに余裕があるのであれば、途中からでも追加申し込みができるようにするなどの工夫も検討する余地があると思われる。

　次年度への要望としては、次年度も継続してほしい意見が多く見られた。一方で前年度と異なり「北九大キャンパス見学なども面白いと思います。学食があいていれば学食利用など」や「（動物園とか）外に遊びに行きたい」などの具体的な提案や、「協力できることがあれば、言って欲しいです」といった保護者による活動に対する積極的参画の意見が見られた点が特徴的である。継続的に実施することにより、利用者であるだけではなく提供する側へと意識が広がってきているのは、一つの成果であったと言えよう。

IV. 活動の成果と見えてきた地域の課題

1. 北九州市地域福祉計画から考える活動の成果

　2016 年から始まった ATB 活動の記録を整理してきたが、これらから見えてきた活動の成果について、ここでは北九州市の地域福祉計画に沿って考えてみたい。『北九州市の地域福祉　2011 〜 2020　中間見直し強化プラン』（2017 年 6 月）によると、第 2 章の「地域福祉を取り巻く環境の変化」では、環境の変化に応じた地域福祉計画の見直しの視点として「自助と互助の強化」及び「地域共生社会の実現」を指摘している。「自助と互助の強化」では「地域内で人材を育成し活用する仕組みやお金が循環する仕組み」が求められていると述べている（P.9）。「地域共生社会の実現」では「すべての人が役割を持ち、お互いを助け合うとともに、地域全体で子どもや若者を支援し、次世代を担う人材を育てていくこと、つまり『共に感じ、共に考え、共に癒やし、共に育てる』地域づくり」が求められており、「この新たな地域づくりのためには、あらゆる人が地域を元気・幸せにする活動に気軽に楽しく参加できる環境、寄附や募金、企業の協賛など活動の資源を調達する仕組み、困っている人や家族を早く発見し、そのニーズに丸ごと応じる分野横断的で総合的な支援ネットワーク、多様な主体による多様な支援・サービスの創出、それらを可能にする人材育成のあり方を、お互いの顔の見える範囲から市域全域まで重層的にデザインしていくことが求められています」としている（P.9）。

　このような視点を踏まえ、第 4 章では「充実・強化すべき 13 の方向性」を

掲げている。この中で子どもの支援に関わるような内容に着目すると、「方向性2：交流の促進」の「②多世代交流の場づくり」の一例として子ども食堂の推進を掲げている（P.17）。さらに「方向性4：ボランティア・互助活動の促進」では「④活動経費を賄う仕組みづくり」として「互助活動やボランティア活動に必要な経費を賄うために、地域住民や地域に立地する企業等に寄附や募金を促す仕組みのあり方を検討する」ことを掲げている（P.18）。また同じく「方向性4」において「⑤学生等の参加促進」として「地域と高校・大学・専門学校等が協働し、学習の一環として地域の保健福祉活動に学生等が参加する仕組みを充実させるため、地域と学校等が情報共有できる場をつくる」ことを掲げている（P.18）。

　これらの項目について、ATB活動では一定の成果を出していると言える。保護者の積極的参画につながるような意見や姿勢は、「自助と互助の強化」につながるものである。また「活動経費を賄う仕組みづくり」では、独自のルートによって企業等からの協賛を得たが、活動終了後に学生がお礼回りをした際に「協賛を出して良かった」という意見が聞かれた点からも、「寄附や募金を促す」意識を形成することに寄与したと言えるだろう。そしてATB活動の主体は学生である。これはまさしく「学生等の参加促進」であり、ATB活動という場において高校生にも参加してもらえることができた。特に子どもを対象とした「楽しい時間」が過ごせる活動は、最初に取り組むボランティア活動としては適している。このような活動を入り口として、地域福祉へさらに関心を広げてもらいたいところである。

2. 新たに見えてきた地域の課題

　一方で、地域に潜在していた新たな課題が見えてきた。ATB活動後に実施している保護者アンケートの結果にあった、夏休み期間中に家で過ごしてばかりいる子どもたちの存在である。

　北九州市内の小学校では、夏休みが始まってすぐの1週間ほどは、午前中だけの「夏の教室」という活動を行っている。このような場は子どもたちの生活リズムを維持したり、宿題に取り組む学習習慣の定着という観点のみならず、

子ども同士のつながりや遊ぶ約束をする機会でもある。また「夏の教室」以外にも放課後児童クラブが設置されていることにより、両親が就労していることから夏休み期間中の子どもの過ごす場は用意されていることになっている。

　さらに、北九州市が子育て支援や少子化対策を進めるために策定した「元気発信！子どもプラン（第2次計画）【平成27～31年度】」では、「夏の教室（地域版）の実施」として放課後児童クラブの活用を提起している。これは「放課後児童ヘルパー等地域力の活用や大学との連携などにより、夏季休業日中に小学校で1週間程度実施されている「夏の教室」の地域版を放課後児童クラブで実施し、生活体験やスポーツなど体験の機会を増やすとともに、学習習慣を養います」という事業である（P.139）。しかし実態としては、少なくともA団地内においては充分に機能している、あるいは充分に利用されているとは残念ながら言いがたい。なぜ機能しないのか、なぜ利用しないのかということを、子育て世帯の生活構造に目を向けながら実証的に明らかにすることが今後必要である。

　当初、ATB活動を始めることとなった経緯は、団地内に「欠食児童がいる」ということであった。しかし、少なくともその存在については、2018年時点では確認されていない。しかし、ATB活動のような無料で昼食まで用意され、宿題や皆で遊んだり、社会体験が可能だったりするようなサービスを提供するような活動は、高齢化したA団地においてこれからも必要である。そしてそれは、北九州市が目指す地域共生社会の実現にも合致する取り組みである。民間企業等には資金面や活動ノウハウへの貢献、市行政にはこのような活動を積極的に取り組めるための環境整備への取り組みを期待したい。北九州市地域福祉計画に「方向性3：地域課題・ビジョン・解決策を共有・検討する仕組みの構築」として「④成功事例の共有」を掲げており、学生が取り組んでいるATB活動もその「成功事例の一つ」として地域に共有されることを期待している。

Ⅴ. おわりに

　本論は、ATB活動という、子どもを対象とした学生による活動について、活動記録を基に3年間の活動の歩みを整理した内容であり、活動の成果と新たに見えてきた地域の課題について簡単に述べさせていただいた。これらは活動の機能面に着目して整理された内容であり、社会構造や地域の中で何を担っているのかという視点では充分に論考されていない。これについては、保護者アンケートのデータのテキスト分析を進めながら、改めて別の機会とさせていただきたい。

（謝辞）

　最後に、本論は半年以上かけて準備から終了後の会計決算、そして協力して下さった方々への御礼回りまでをすべてやり遂げた学生たちの活動を整理したものである。毎年終わるたびに、「来年はこうする！」と意欲的な姿勢を持ち続けている学生たちに心より敬意を示したい。そして、そのような学生たちを支援・指導して下さっている団地自治会、活動の現場で学生へ助言・指導して下さった特任教員の大木えりか先生（現在、八戸学院大学）と同じく特任教員の勅使河原航先生、多くの支援を賜った団地管理運営者及び企業等の関係団体、そして何よりも、学生たちを信じて我が子をATB活動へ送り出していただいている保護者の皆様には、この場を借りて心よりお礼を申し上げる。

終　章

本研究の到達点と残された研究課題

I. 到　達　点

　本研究を通して、途方における子どもの社会的排除の状態について、公式統計、調査データ、支援記録等の分析を通して明らかにしてきた。社会的排除が起きやすい年収や生活水準などを示すことができた点は、コロナ禍や奨学金制度の際に言われた「支援対象の所得水準設定」を検討する際に参考となるのではないだろうか。

　実践面では、子どもとその家族（世帯）に対する支援について、ミクロ・メゾ・マクロ（地域）レベルで取り組まれている内容、そしてその有効性を明らかにすることができた。重層的システムとして、ニーズの背景にある生活状況（エコシステム）を捉え、総合的な支援のあり方のヒントを得ることができた。特に子どもと家族、特に保護者（主に親）を含めた全体を捉える重要性を実証的に示すことができたと考える。

II. 残された研究課題

　研究上残された課題としては、テス・リッジ（Tess Ridge、中村・松田訳 2010：13）が指摘するような「子どもを中心に据えた研究」にはなっていない点をまずは挙げることができる。総合的に考えることを重視したことで、投資効果など、「今」ではなく将来の社会全体の利益まで扱わざるを得なかっ

た。

　次に地方と言いながら、西日本を中心に扱っているという範囲の限界と、取り上げた各地方を比較して分析をするまでには至っていない[48]。そして序論で政策研究の重要性を説きながらも、明確な政策提言に至ることができていない。この点については自身の不勉強を痛感するとともに猛省するばかりである。この点については、政策論を専門とされる先生方からのご意見をいただくことができれば幸いである。

　手に取っていただいた方々のご批判と共に、地方の地域福祉の推進、子どもの貧困の克服、社会的包摂を志向した政策と実践の推進に寄与することができれば幸いである。

少々長いあとがき

　私は、あとがきを読むのがとても好きだ。諸先生方の著書を拝読するにあたって、目次を見てから次にあとがきを読む。そこには、研究論文には表れない、諸先生方のお人柄のようなものを感じることができるからだ。とても熱い主張をされる論文を書かれる先生が、とてもクールなあとがきを書かれる場合もあれば、その逆もある。長いあとがきもあれば、極めて簡潔なあとがきもある。いずれもその先生のお人柄を感じずにはいられない。これまでに共著2冊であとがきを書かせていただいたことはあるが、書く内容はこのような単著とは異なると感じる。だからこそ、いずれ自分が単著を出版させていただける機会があれば、その時の「あとがき」は何を書こうかと妄想を繰り返してきたものである[49]。

　さて、そんな私が、「たいそうなあとがきを書けるのか？」というのはまた別の問題である。妄想は妄想であり、それが適切であるのか、また適格にお伝えしたいことが伝わる内容であるのかは、残念ながら別の問題なのだ。しかし、本書を手にとっていただいた方々には、もう少しだけお付き合いをいただきたい。

　まず、よく目にするアイザック・ニュートンが言ったとされる「巨人の肩の上に立つ」という言葉があるが、あらためてその言葉を実感することの連続であった。多くの先人達の研究成果による知見、社会福祉学という学問、そして諸先生方からのご指導によって、地方における子どもの貧困の問題構造、課題解決に向けたニーズ（社会的必要）とその対策について考えることができ、多くの気づきを得ることができた。多くの「巨人」たちに敬意を示すと共に、感謝を心より申し上げたい。

　さて、研究職という仕事の末席を汚すことができるまでには、多くの方々からのご指導、ご支援があった。その中でも、原点となる5人の先生のお名前を挙げさせていただきたい。まず、大阪大学医学部元准教授の野村拓先生に

は、大学4年生の頃に休憩所で「介護保険制度の何が問題なのですか？」という質問をさせていただいた縁から今日に至るまで、医療政策を通して歴史研究や現場と連携した政策研究の重要性を学ばせていただいた。学部・大学院修士課程では龍谷大学名誉教授の桑原洋子先生から、社会保障法学の立場から法制度研究のあり方について学ばせていただいた。大学院博士課程では中垣昌美先生から、社会科学としての社会福祉学の研究方法について学ばせていただいた。京都で開催されていた研究会への参加と、地域調査に参加させていただいたご縁から、同志社大学名誉教授の三塚武男先生から、地域調査をするものの姿勢、社会的弱者に寄り添う研究姿勢について学ばせていただいた。そして龍谷大学教授の長上深雪先生からは、学部生として取り組んだ社会福祉調査実習において地域福祉調査の方法を学ばせていただいた。このような先生方から学ばせていただいたことは、今も私の研究の基本となっている。なお、中垣先生と三塚先生におかれては、すでに鬼籍に入られている。御仏の国よりお見守りいただきたい。

和田謙一郎先生（四天王寺大学教授）、川口啓子先生（大阪健康福祉短期大学特任教授）、上原千寿子先生（元広島国際大学教授）、難波利光先生（周南公立大学教授）には多くの機会を頂戴してきた。その期待に十分に応えられているのか今も申し訳なさと同時に、感謝の気持ちで一杯である。

現在の職場である北九州市立大学地域創生学群では深谷裕先生、八戸学院大学へ異動された大木えりか先生をはじめ、同僚の先生方や事務職員の方々に大変にお世話になった。それ以外にも所属大学の同僚の先生方及び事務職員の方々、そして九州地区の学会活動でお世話になった先生方からは、多くの支援、そして学術的刺激を受けることがあったからこそ、このような拙著にたどり着くことができた。

大学、大学院、研究会等で出会い、共に同世代として切磋琢磨し、常に良い刺激を与えてくれる仲間である長友薫輝先生（佛教大学）、行貞伸二先生（高知県立大学）、北村香織先生（津市立三重短期大学）、藤井渉先生（日本福祉大学）、鎌谷勇宏先生（大谷大学）、上田早紀子先生（NPO法人オルト）、高木博史先生（岐阜協立大学）、に対しても、心よりお礼を申し上げたい。

　2010年2月4日に急逝した寺添証顕先生（元大谷大学助教）からは、博士課程で同期入学の中垣ゼミ生として公私ともども仲良くさせてもらった。急逝された翌日に産まれた息子の名前に、先生から一字を頂戴したことにも感謝を伝えたい。

　大学院の坂本ゼミ院生であった宮島優奈さんと芹田和気さんには、研究上多くのコメントをいただいたことにお礼を申し上げる。紹介した活動は、北九州市立大学地域創生学群の学生達が主体的に取り組み続けてくれている成果を私がまとめたに過ぎない。これまで活動に関わってくれた（そして今も関わり続けてくれている）多くの学生諸君のおかげである。原稿の校正にあたってはゼミ生の大羽翼くん、脇本菜羽さんが労を取ってくれた。

　新型コロナ感染拡大の中、そして厳しい出版事情にもかかわらず、前共著『福祉職・保育者養成教育におけるICT活用への挑戦』に引き続き、これまでの研究成果を出版する企画を引き受けて下さった大学教育出版の佐藤守様のおかげで、初めての単著を出版することができた。前著はコロナ禍によって予想外の注目を浴びたが、本書はどう評価されるかは私も不安でいっぱいである。

　最後に、私は出張や業務等で不在が多く、妻には多くの負担をかけ続けている。時には研究上の相談相手にもなってくれながら、いつも支えてくれていることに心から感謝を伝えたい。3人の子どもたちには、遊びたい時に一緒に過ごすことができずに寂しい思いをさせた。これからも時々かもしれないが釣りに行ったり、サッカーをしたりしながら、家族としての時間を共に創っていきたいと思っているので許してもらいたい。

　こうやって書いていくと、いかに自分が恵まれた存在であったのかを感じると共に、改めて周囲への感謝しか出てこない。紙面の都合からすべての方のお名前を挙げることができていないことをお詫び申し上げるとともに、すべてのお世話になった方々に心より御礼を申し上げたい。

　2022年3月

坂本　毅啓

注

1) 余談であるがもともと坂本が取り組んできた高齢化問題とボランティアに関するテーマについては、改めて地方の地域福祉の続巻としてまとめさせていただきたいと考えている。

2) 坂本が所属する北九州市立大学地域創生学群もいわゆる「地域系学部」の１つである。ただし、地方創生論が活性化するより前の 2009 年 4 月に設置されており、翌年の 2010 年 4 月には全学的に地域貢献活動をサポートする地域共生教育センターが設置されている。

3) 「2021 ユーキャン新語・流行語大賞」のノミネート 30 語に含まれた。本書を手に取られた今は、「死語」となっているだろうか。この言葉の意味は玩具などの販売に使われる「ガチャガチャ」のように、選ぶことができない運次第であるという点から、「親ガチャ」とは子どもは親を選ぶことができずに運次第でその後の人生が決まるということを揶揄した表現である。しかし、貧困の再生産や親の経済基盤が学歴に与える影響など、すでに学術的には指摘されていた問題であり、それが広く一般に知れ渡ることでわかりやすく表現されたものと解することができる。ただし、この「ガチャ」という表現には、諦め感や無力感に似た感情も含まれているのではないかと筆者は考える。

4) 筆者注。工場法は 1911 (明治 44) 年に制定された。野澤によれば「工場法は、児童と女性の問題が労働問題として浮上してきたことに対する国家による本格的な労働者＝母性・児童保護を意味していた」と指摘している (野澤：1991、160)。

5) なお、孝橋は社会福祉のことを「社会事業」と表現しているが、これは大正時代を中心とした社会連帯思想を基にした社会事業を指しているわけではない。その理由の一つには「ソーシャル・ワークをうまく訳したものだと思う」ということが挙げられている (孝橋、1977：169)。

6) ここでみている人口は、北九州市が旧 5 市 (門司市、小倉市、戸畑市、八幡市、若松市)現在の北九州市を構成する地理的領域の人口である。大都市比較統計年表「Ⅱ人口 3. 現在の市域による国勢調査の世帯数及び人口」の注意書きによれば、「国勢調査の結果を可能な限り平成 27 年 10 月 1 日現在の市域に組替えて掲げたものである。昭和 55 年以降の国勢調査では、会社などの寮の単身の入寮者の世帯数はそれまで 1 棟 1 世帯であったものを、1人 1 世帯として数えている」と書かれている。

7) 人工死産に関する母体保護法の規定は以下の通り。なお、北九州市における母体保護法第 14 条第 2 号の規定による人工妊娠中絶数は 0 (北九州市平成 27 年度母体保護統計) であることをあえて付記しておく。

母体保護法

　(医師の認定による人工妊娠中絶)

　第十四条　都道府県の区域を単位として設立された公益社団法人たる医師会の指定する医師（以下「指定医師」という。）は、次の各号の一に該当する者に対して、本人及び配偶者の同意を得て、人工妊娠中絶を行うことができる。

　一　妊娠の継続又は分娩が身体的又は経済的理由により母体の健康を著しく害するおそれのあるもの

　二　暴行若しくは脅迫によって又は抵抗若しくは拒絶することができない間に姦淫されて妊娠したもの

8)　人工妊娠中絶のうち、満12週以降のケースを人工死産として数えることとなっている（宮崎亮一郎、2007：N-19）。なお、北九州市平成27年度母体保護統計によれば、満12週未満（満11週以下）の人工妊娠中絶の数は2,041となっており、人工妊娠中絶総数（2,161）のうち約93.2%を占める。これに対して人工死産（満12週以降の人工妊娠中絶）の数は148で約6.8%である。なお、人工死産数が本文と異なるのは、本文では大都市比較統計年表平成27年度版を使用しているのに対して、本注では北九州市平成27年度版を参照しているためである。

9)　ここで望ましい合計特殊出生率として1.8から2.0とした理由としては、次の2つである。まず1.8という数値は、希望としての合計特殊出生率が1.8と言われており、政府もその達成を目標としているからである。そして2.0とは、日本における人口置換水準が2.07であるからである。

10)　あえての断りをここでさせていただきたい。本論はあくまで「北九州市における人口規模を現状維持することが望ましい」という観点から、出生や婚姻について言及しているだけであり、本来、結婚して家族を作り、そして子どもを産み育てるということは個人の自由であると考える。決して、「結婚しなければならない」「子どもを産まなければならない」といったような一つの価値観を個人に押しつけようとするものではない。社会福祉学の立場から申し上げるとするならば、大事なのは、個人にそのような実質的な自由が確かに保障されているのかということであり、そのために必要な社会環境を整備することであることを強調させていただきたい。

11)　ここでいう地域生活課題とは、社会福祉法第4条第2項によって定義されているものを指す。

　社会福祉法

　第四条　（略）

　2　地域住民等は、地域福祉の推進に当たっては、福祉サービスを必要とする地域住民及びその世帯が抱える福祉、介護、介護予防（要介護状態若しくは要支援状態となることの予防又は要介護状態若しくは要支援状態の軽減若しくは悪化の防止をいう。）、保健医療、住まい、就労及び教育に関する課題、福祉サービスを必要とする地域住民の地域社会からの孤立その他の福祉サービスを必要とする地域住民が日常生活を営み、あらゆる

分野の活動に参加する機会が確保される上での各般の課題（以下「地域生活課題」という。）を把握し、地域生活課題の解決に資する支援を行う関係機関（以下「支援関係機関」という。）との連携等によりその解決を図るよう特に留意するものとする。

12)　横浜市「横浜市統計統計ポータルサイト」（http://www.city.yokohama.lg.jp/ex/stat/daitoshi/、2019年1月30日時点）

　　本論執筆中に、厚生労働省による毎月勤労統計の不正統計問題（https://www.mhlw.go.jp/toukei/list/30-1.html、2019年1月11日お知らせ、2019年1月31日閲覧）から端を発する、政府による公式統計の不正問題が明らかとなった。各マスコミが指摘するように、これは統計データそのものへの不信を抱かすこととなった。本論で展開した分析というのは、まさしくこの公式統計そのものを活用したものであり、本研究テーマの土台であり、研究が成立するかどうかの前提に関わってくることでもある。そういう意味では、大都市比較統計年表自体に対して信頼するか、それとも信頼しないのかという指摘もあるかもしれない。しかし、本論では同一時代における空間的広がりの中での大都市間比較分析であることから、「大都市比較統計年表において記載されているデータ内における比較分析は問題ない」という認識を前提としたことを、ここに申し添えておく。

13)　データの正規化にあたっての式については、以下の式の通り。階層クラスター分析を行う際に、2つの変数の単位が大きく異なったりすると、片方の変数の影響が強く出やすくなることから、X軸とY軸が均等になるようにこのような正規化を行った。例えば、これによって正規化前では保護率の高い大阪市によってクラスターが縦に割れてしまっていたのが、図192のような結果へと変化している。

$$正規化された値 = \frac{（N市のデータ）-（データの最小値）}{（データの最大値）-（データの最小値）}$$

14)　北九州市「北九州市長期時系列統計（教育、文化）」の「中学校卒業後の状況」（http://www.city.kitakyushu.lg.jp/page/toukei/sougou/tyouki/15/1509.xls、2019年1月31日時点）

15)　引きこもりの定義と引きこもり率については、内閣府若者の『生活に関する調査報告書』（平成28年9月、内閣府政策統括官（共生社会政策担当））の「2. 定義」（https://www8.cao.go.jp/youth/kenkyu/hikikomori/h27/pdf/teigi.pdf、2019年1月31日時点）を参照した。進路未定率と引きこもり率が非常に近い数値になることについては、その関係性を検討するにはデータが乏しく、これ以上の検証が難しいことから、このようなことは統計上の偶然の近似であるかもしれないし、両者に関連性があるとは断言は難しい。しかし、引きこもり者支援に関する事例などの経験的観測からは、何らかの関連性があるのではないかという疑念は払拭することができない。

16)　本調査の一次分析結果については、日向市の「子ども未来応援推進計画」の第2章2として公開されている。本論では、基データを二次的に活用し、統計ソフト（IBM SPSS

Ver.23.0）を活用してさらに分析を進めた。以下の調査に関する概要説明などは、「子ども未来応援推進計画」から引用した。

（http://www.hyugacity.jp/tempimg/20170601170402.pdf、2018 年 2 月 10 日時点）

17）　教育生産関数とは、労働、資本といった生産要素を生産過程に投入することによって生産物が算出される、というモデルを教育に応用したものである。（中室　2015：33）

18）　ここでピックアップした 72 項目については、志賀（2016）、武川（2011）を参考にして該当すると思われる項目を選別した。現時点における暫定的な位置づけで選別されたものであり、今後の研究によってより最適な項目の選択が必要であると考えている。

19）　厳密には各階層間の人数によって重み付けをした加重平均値を用いることも検討すべきであるが、ここでは各所得階層を一つのかたまりとして捉え、横に並べた時の比較を行うという観点から単純平均としている。

20）　階層クラスタ分析では、IBM 社の SPSS Statistics Ver.23 を使用した。

21）　内閣府「平成 29 年度子供の貧困の状況及び子供の貧困対策の実施状況」（https://www8. cao. go.jp/kodomonohinkon/taikou/index.html、2019 年 1 月 31 日閲覧）

22）　阿部は「9.　金銭的な理由によって車へのアクセスがない個人の場合」という項目については、「日本にあてはめた場合、不適当と考えられる項目」と指摘している（阿部　2002：76）。

23）　等価世帯収入の加重平均値では、欠損値の関係から度数が 9,142 となっている。

24）　クラスタ 1 とクラスタ 2 をあわせた該当数の平均値は 12.5 である。

25）　一方で、この条文には家族を包摂する概念が見られない。子どもが生まれ育った環境によって将来が左右されるべきではないというところに、家族が包摂されているとも受け取れるが、しかし支援の対象として包摂されているとは解釈することは難しい。子どもと、その子どもが生活する家族も含めて支援の対象であるという、この不可分な関係性を政策的前提にしているのか、この条文からは明確ではない。

26）　DV（Domestic Violence）は家庭内暴力のこと。この DV 被害の経験については、暴力的被害だけではなく、ネグレクト（育児放棄）も含む。以下、同じ意味。

27）　本章の分析で使用したデータは、稲月正（2017）による。本論における分析枠組みや図についても、特に注釈を付けていないが、この報告書において坂本が担当執筆した箇所から転載・引用している。

28）　支援開始前のスコアについては、2016 年 4 月より前であるものが含まれている。また、参加者の中には 2016 年 10 月以降に参加したケースもあり、そのためにスコアが合計 4 回分ではないケースも含まれる。

29）　「子供の貧困対策に関する大綱について（平成 26 年 8 月 29 日閣議決定）」の概要版より。なお、原文では「子供」と表記されているものは、本論ではそのままとした。

30）　このスコア化作業については、伴奏支援員が支援記録に基づいて行った。項目の選定や

スコア化基準の作成にあたっては、［奥田・稲月・垣田・堤、2014］を参考に、本事業研究員である稲月と坂本、そして伴走支援員が、綿密な協議を行って共同で作成をした。

31) 本事業に先立って実施された 2015 年度実施の「官民学企（業）地（域）連携による地域の生活困窮世帯への包括的な支援体制の構築及び社会参加のための支援メニューの開発に関する調査・研究事業」の報告書では、変換表に基づいて一部の項目のスコアを結合し、最終的なスコア化を行っている。本年度については、そのような変換をしようとしなかった。理由としては、各項目をより細かく分析していくためである。

32) この点については、先に述べた教育委員会が実施した子どもひまわり学習塾などでは実施が難しいところであると考えられる。このあたりに、NPO が先導的に取り組む意義があると考えられる。

33) このケースの内容については、後の事業の検証と評価でのケース分析において詳細を述べることとする。

34) もちろん、これは極端な一例であることをあえて断っておく。ただし、過去の支援の中で実際にこのような担任教諭が、学校に通えない状態にあった子どもを追い込んでしまったこともあった事例があったことも付記しておきたい。

35) 生活保護制度は大学進学を認めていない。高校卒業は自立の観点から必要であるが、就労する上では大学進学までは必要ないと考えるあるためである。

36) 式 2 から式 1 を引くと、傾きは 0.302、切片は −0.5144 となり、不登校率とその翌年度の中退率の方がより関係性が強いと考えることができる。しがって、前後の時系列的関係性から考えても、不登校対策は高校中退を防止するために必要な取り組みであると言える。

37) 支援室は教育委員会が設置しており、不登校児童・生徒に対して教育的立場から学習支援と登校刺激を担う行政機関である。

38) あえてここに書き記すが、これは子どもを投資対象として見ようという試みではない。また、投資効果が見られそうにない子どもへの支援を打ち切る根拠にもならない。これらの支援がどれだけ社会的に有用であるのかを貨幣という数値に換算することで、効果を別の形で表現しようという試みである。

39) 高知県推計人口月報平成 30 年 2 月 1 日現在より引用。

40) 視察時受領資料「高知県における子ども食堂支援の取り組みについて」の中の「高知県行政の取り組み」より引用。また高知県庁ウェブサイトでも「高知県では、『子ども食堂』が県内に多く設置されるよう、積極的に支援します。」と記載されている。(http://www.pref.kochi.lg.jp/soshiki/060401/kochikekodomosyokudou.html、2018 年 2 月 15 日時点)

41) 高知県ウェブサイト「《子どもの未来応援》子ども食堂のお知らせ」(http://www.pref.kochi.lg.jp/soshiki/060401/kochikekodomosyokudou.html、2018 年 2 月 15 日時点)

42) 高知県庁ウェブサイト「高知家子ども食堂情報」より (http://www.pref.kochi.lg.jp/soshiki/060401/files/2017041100147/file_20182132165557_1.pdf、2018 年 2 月 15 日時点)

43)　2018 年 2 月 1 日現在の住民基本台帳人口・世帯数。(高知市ウェブページ http://www.
　　city.kochi.kochi.jp/ より、2018 年 2 月 25 日時点)

44)　視察時に受領した高知市健康福祉部福祉管理課作成資料より引用。高知市の動向に関す
　　る統計データについては、特に断りがないものは同資料より引用。

45)　「糸満市学習等支援事業実施要綱」、『複素保健福祉概要』(糸満市福祉事務所) を参照。

46)　福山市生活困窮者自立支援センター (2016)『福山市子ども健全育成支援事業』、及び小
　　野裕之 (2017)「子どもたちを孤立させない地域づくりに向けて」(第 3 回広島県東部児童福
　　祉研究会報告資料) を参照。

47)　提供された説明資料「学習支援事業について」を参照。

48)　今回紹介した以外にも仙台市、八千代市、習志野市、横須賀市にも視察・ヒアリングを
　　行っているが、今回は内容として含めることができなかった。

49)　蛇足であるが、これまでに拝読してきた著書のなかで最も好きな「あとがき」は、20 年
　　以上の友人 (と言わせて欲しい) の垣田裕介先生の著書『地方都市のホームレス』である。
　　彼の研究に対する想いに触れて、思わず涙がこぼれたことは忘れられない。

引用・参考文献

相澤真一、土屋敦、小山裕、開田奈穂美、元森絵里子 (2016)『子どもの貧困の戦後史』青弓社。

浅井春夫・中西新太郎・田村智子・山添拓・他 (2016)『子どもの貧困の解決へ』新日本出版社。

浅井春夫 (2017)『「子どもの貧困」解決への道　実践と政策からのアプローチ』自治体研究社。

足立己幸・NHK「子どもたちの食卓」プロジェクト (2000)『NHK スペシャル　知っていますか子どもたちの食卓 ── 食生活からからだと心がみえる』日本放送出版協会。

阿部彩 (2002)「貧困から社会的排除へ：指標の開発と現状」『海外社会保障研究』国立社会保障・人口問題研究所 141 号 67-80 頁

阿部彩 (2005)「日本における相対的剥奪指標と貧困の実証研究」国立社会保障・人口問題研究所 http://www.ipss.go.jp/publication/j/DP/dp2005_07.pdf (2018 年 5 月 18 日閲覧)

阿部彩 (2006)「相対的剥奪の実態と分析：日本のマイクロデータを用いた実証研究」社会政策学会誌 16 号 251-275 頁

阿部彩 (2008)「日本における子育て世帯の貧困・相対的剥奪と社会政策」社会政策学会誌 19 号 21-40 頁

阿部彩 (2008)『子どもの貧困　日本の不公平を考える』岩波書店。

阿部彩 (2014)『子どもの貧困 II　解決策を考える』岩浪書店。

井垣章二 (1985)『児童福祉　現代社会と児童問題』ミネルヴァ書房。

石倉康次 (2015)「社会保障・社会福祉の制度と政策」『現代社会と福祉』東山書房

石塚優 (2007)「人口構造の変化と介護需要の推移 ── 北九州市の場合」『都市政策研究所紀要』北九州市立大学都市政策研究所、第 1 号、pp48 ～ 58

石塚優 (2008)「高齢者の社会関係の広がりと質」『都市政策研究所紀要』北九州市立大学都市政策研究所、第 2 号、pp61 ～ 74

稲月正 (2016)『厚生労働省平成 27 年度　生活困窮者就労準備支援事業費等補助金（社会福祉推進事業）官民企（業）地（域）連携による地域の生活困窮世帯への包括的な支援体制の構築及び社会参加のための支援メニューの開発に関する調査・研究事業　報告書』特定非営利活動法人抱樸。

稲月正 (2017)『厚生労働省　平成 28 年度　生活困窮者就労準備支援事業費等補助金（社会福祉推進事業）ひきこもり状態にある若年者・児童およびスネップ状態にある者とその家族を支える包摂型世帯支援の構築と、世帯の支援メニューと支援ツールの開発、および困窮世帯を支える市民参加型の地域連携の在り方に関する調査・研究事業　報告書』特定非営利活動法人抱樸。

稲葉剛（2013）『生活保護から考える』岩波書店。

岩田正美（2007）『現代の貧困　ワーキングプア／ホームレス／生活保護』筑摩書房

岩田正美（2008）『社会的排除　参加の欠如・不確かな帰属』有斐閣

岩田正美（2017）『貧困の戦後史　貧困の「かたち」はどう変わったのか』筑摩書房。

埋橋孝文、大塩まゆみ、居神浩編著（2015b）『子どもの貧困／不利／困難を考えるⅡ　── 社会的支援をめぐる政策論的アプローチ ──』ミネルヴァ書房。

埋橋孝文、矢野裕俊編著（2015a）『子どもの貧困／不利／困難を考えるⅠ　── 理論的アプローチと各国の取り組み ──』ミネルヴァ書房。

右田紀久恵、井岡勉（1984）『地域福祉 ── いま問われているもの』ミネルヴァ書房。

江口英一編著（1981）『社会福祉と貧困』法律文化社。

大山典宏（2013）『生活保護 VS 子どもの貧困』株式会社 PHP 研究所。

岡村重夫（1974）『地域福祉論』光生館。

岡村重夫（1983）『社会福祉原論』社会福祉法人全国社会福祉協議会。

小川利夫（1958）「教育における『貧困』の問題 ── いわゆる『夜間中学生』問題を中心に ──」（所収：日本社会福祉学会編『日本の貧困』有斐閣、P.259 ～ P.282）

沖縄県 HP「沖縄県子どもの貧困実態調査結果」（http://www.pref.okinawa.jp/site/kodomo/kodomomirai/seishonen/kosodatec/documents/okinawakenkodomonohinkontaisakukeikaku01.pdf、2018 年 2 月 15 日時点）

沖縄子ども総合研究所編（2017）『沖縄子どもの貧困白書』かもがわ出版。

奥田知志 2017「伴走型支援とは何か」『伴走型支援士認定講座テキスト』特定非営利活動法人ホームレス支援全国ネットワーク .

奥田知志・稲月正・垣田裕介・堤圭史郎（2014）『生活困窮者への伴走型支援 ── 経済的困窮と社会的孤立に対応するトータルサポート』明石書店。

小澤浩明（2016）「子どもの貧困をめぐる状況と新福祉国家構想：子どもの貧困対策法・大綱の批判的検討（特集 貧困大国・ニッポン（上））」『季論 21：intellectual and creative』31、149-159。

尾島豊（2015）「労働政権下のイギリスにおける児童福祉政策に関する考察：シュア・スタートからチルドレンズ・センターへの政策移行」『長野県短期大学紀要』69、155-166。

垣田裕介（2011）『地方都市のホームレス』法律文化社。

片山紀子（2009）「NCLB 法下に見るアメリカの幼児教育」『京都教育大学紀要』114、63-75。

加藤彰彦・上間陽子・鎌田佐多子・金城隆一・小田切忠人編著、沖縄県子ども総合研究所編（2017）『沖縄子どもの貧困白書』かもがわ出版。

金子勇（1997）『地域福祉社会学 ── 新しい高齢者社会像 ──』ミネルヴァ書房。

株式会社三菱総合研究所人間・生活研究本部（2015）『厚生労働省 平成 26 年度セーフティネット支援対策等事業補助金（社会福祉推進事業）「生活困窮世帯の子どもの学習支援事業」

実践事例集【速報版】』

河野稠果（2007）『人口学への招待』中央公論新社

鳫咲子（2013）『子どもの貧困と教育機会の不平等　就学援助・学校給食・母子家庭をめぐって』明石書店

鳫咲子（2014）「議員立法による子どもの貧困対策法の成立」『跡見学園女子大学マネジメント学部紀要』18、93-107。

紀田順一郎（2000）『東京の下層社会』筑摩書房。

北九州市（2014）『「元気発進！ 北九州」プラン　北九州市基本構想・基本計画　改訂版』北九州市（総務企画局企画課）。

北九州市（2017）「平成27年度　母体保護統計」、2018年1月20日参照〈http://www.city.kitakyushu.lg.jp/files/000780477.pdf〉

北九州市（2017）『北九州市地域福祉計画　北九州市の地域福祉　2011 ～ 2020　中間見直し強化プラン』北九州市保健福祉局地域福祉部地域福祉推進課。

北九州市（2018）『北九州市　いきいき長寿プラン　介護保険事業計画及び老人福祉計画　平成30（2018）年度～平成32（2020）年度』北九州市保健福祉局地域福祉部長寿社会対策課。

北九州市（総務企画局企画課）（2014）『「元気発信！ 北九州」プラン　北九州市基本構想・基本計画　改訂版』

北九州市子ども家庭局子ども家庭部・子ども家庭政策課（2014）『元気発信！ 子どもプラン【第2次計画】　北九州市次世代育成行動計画　北九州市子ども・子育て支援事業計画　【平成27 ～ 31年度】』

工藤啓・西田亮介（2014）『無業社会　働くことができない若者たちの未来』朝日新聞出版。

国頭村HP（http://www.vill.kunigami.okinawa.jp、2018年2月15日時点）

玄田有史（2013）『孤立無業（SNEP）』日本経済新聞出版社。

孝橋正一（1977）『新・社会事業概論』ミネルヴァ書房。

孝橋正一（1962）『ミネルヴァ・アーカイブス　全訂　社会事業の基本問題』ミネルヴァ書房

児島亜紀子・伊藤文人・坂本毅啓（2015）『現代社会と福祉』東山書房

坂本毅啓（2001）「『隣接問題』における責任と対策」『社会福祉の思想と制度・方法～桑原洋子教授古稀記念論集』永田文昌堂、P.291 ～ P.303。

坂本毅啓（2016）「総合的な支援体制による子どもの学習支援　—— 北九州における実践例」（所収：志賀信夫・畠中亨編（2016）『地方都市から子どもの貧困をなくす』旬報社、P.81 ～ P.108。

坂本毅啓（2017a）「高齢化団地住民への調査結果から考える社会福祉制度の課題　—— コミュニティ形成のための財政的支援の重要性 —— 」『大阪保険医雑誌』大阪保険医協会、第45巻第610号、P.38 ～ P.43。

坂本毅啓（2017b）「本事業の評価　2.　生活状況スコアによる分析 — 量的評価」、『厚生労働省

平成 28 年度 生活困窮者就労準備支援事業費等補助金（社会福祉推進事業）ひきこもり状態にある若年者・児童およびスネップ状態にある者とその家族を支える包摂型世帯支援の構築と、世帯の支援メニューと支援ツールの開発、および困窮世帯を支える市民参加型の地域連携の在り方に関する調査・研究事業　報告書』pp.23-34、特定非営利活動法人抱樸。

坂本毅啓（2018a）「『高齢化団地』における多世代包摂を志向した地域活動」『関西都市学研究』包摂型社会研究会、第 2 号、P.69。

坂本毅啓（2018b）「北九州市における人口動態と出生率上昇に向けた課題　〜大都市比較統計年表による比較分析〜」『地域戦略研究所紀要』北九州市立大学地域戦略研究所、第 3 号、P.47 〜 P.65。

坂本毅啓（2018c）「『高齢化団地』における多世代包摂を志向した地域活動」『関西都市学研究』包摂型社会研究会、第 2 号、P.69。

坂本毅啓（2018d）「子どもの貧困対策としての学習支援の展開と政策的課題　―保護者を含めた世帯全体への支援の重要性―」『医療福祉政策研究』日本医療福祉政策学会、第 1 巻第 1 号、P.41 〜 P.54。

坂本毅啓・石坂誠（2017）「高齢化団地におけるインクルーシブな地域づくりの実践と課題」『地域ケアリング』北隆館、第 19 巻第 6 号、P.69 〜 P.72。

坂本毅啓・石坂誠（2018）「高齢化団地における住民の福祉ニーズに対する地域活動の成果と今後の課題」『いのちとくらし研究所報』特定非営利活動法人非営利・協同総合研究所いのちとくらし、第 63 号、P.52 〜 P.66。

坂本毅啓・志賀信夫編（2017）『地方都市におけるインクルーシブな地域づくり』大阪市立人学都市研究プラザ。

坂本毅啓・志賀信夫（2018）「地方都市におけるインクルーシブな地域づくりに関する研究〜日向市における子育て世帯の生活・ニーズ調査の二次分析〜」大阪市立大学都市研究プラザ編『先端的都市研究拠点 2017 年度公募型共同研究によるアクションリサーチ』大阪市立大学都市研究プラザ、P.79 〜 P.97

坂本毅啓・宮島優奈（2019）「独居高齢者世帯への戸別訪問活動記録の分析から見える成果と課題」『地域ケアリング』北隆館、第 21 巻第 2 号、P.56 〜 P.60。

志賀信夫（2016）『貧困理論の再検討　―― 相対的貧困から社会的排除へ ――』法律文化社。

志賀信夫・畠中亨編（2016）『地方都市から子どもの貧困をなくす：市民・行政の今とこれから』旬報社

全泓奎（2015）『包摂型社会　―― 社会的排除アプローチとその実践 ――』法律文化社。

新城市市民福祉部子ども未来課（2017）『新城市子どもの未来応援事業計画』新城市

杉村宏（2007）「社会階層と貧困」中村優一・一番ヶ瀬康子・右田紀久恵監修『エンサイクロペディア社会福祉学』中央法規 870-873 頁

Paul Spicker（2007）*The Idea of Poverty*, Policy Press（＝圷洋一監訳（2008）『貧困の概

念　——理解と応答のために』生活書院）

生活困窮者自立支援のあり方等に関する論点整理のための検討会（2017）「生活困窮者自立支援のあり方に関する論点整理」（厚生労働省ウェブサイト：http://www.mhlw.go.jp/stf/shingi2/0000155576.html、2017 年 8 月 31 日時点）

Amartya Sen（1985）*Commodities and Capabilities*, Elsevier Science Publishers B.V.（＝鈴村興太郎（1988）『福祉の経済学　財と潜在能力』岩波書店）

大都市統計協議会（2018）『大都市比較統計年表　平成 28』大都市統計協議会（担当　神戸市）。

高林秀明（2004）『健康・生活問題と地域福祉　くらしの場の共通課題を求めて』本の泉社

高林秀明（2008）『障害者・家族の生活問題　社会福祉の取り組む課題とは』ミネルヴァ書房

武川正吾（2011）『福祉社会〔新版〕——包摂の社会政策』有斐閣

伊達忠亮（2017）「日向市における子どもの貧困への行政の取り組み」『地方都市におけるインクルーシブな地域づくり』大阪市立大学都市研究プラザ、P.63 ～ P.70。

蓼沼宏一（2011）『幸せのための経済学　効率と衡平の考え方』岩波書店。

寺田千栄子・坂本毅啓・難波利光（2017）「地方都市における子どもの貧困対策としての教育保障の展開」『関門地域研究』関門地域共同研究会（北九州市立大学・下関市立大学）、第 26 号、P.43 ～ P.57。

特定非営利活動法人抱樸（2017）『2016 年度　未来応援ネットワーク事業　高校中退防止のための相談事業と地域連携プロジェクト　報告書』P.26 ～ P.53 より。

特定非営利活動法人抱樸（2017）『高校中退防止のための相談事業と地域連携プロジェクト報告書』（2016 年度未来応援ネットワーク事業／子供の未来応援基金）。

特定非営利活動法人抱樸（2018）『厚生労働省平成 29 年度生活困窮者就労準備支援事業費等補助金（社会福祉推進事業）困窮孤立状態におかれた子どもへの支援とその連鎖を防止するため世帯支援を一体的、包括的に実施するための支援メニューとそのためのツールの開発、地域連携のあり方に関する調査研究およびそのパイロット事業の実施に関する調査研究事業』P.120 ～ P.123 より。

特定非営利活動法人抱樸（2018）『困窮孤立状態におかれた子どもへの支援とその連鎖を防止するため世 帯支援を一体的、包括的に実施するための支援メニューとそのためのツールの開発、地域連 携のあり方に関する調査研究およびそのパイロット事業の実施に関する調査研究事業報告書 』（厚生労働省平成 29 年度社会福祉推進事業／生活困窮者就労準備支援事業費等補助金）。

特定非営利活動法人抱樸（2019）『学校、企業、地域との連携による高校進学支援、高校中退防止及び社会からの孤立を防ぐ事業報告書』（第 2 回未来応援ネットワーク事業／子供の未来応援基金）。

特定非営利活動法人抱樸（2019）『社会的孤立状態にある「中卒スネップ」等捕捉することが困難な子どもたちの実態把握に関する調査手法の研究、高校卒業時に家族不在状態にある児

童・若者たちへの切れ目のない支援に関する研究、家族ごと孤立状態にある世帯への支援に関する研究、及びそれらを支える地域づくりに関する研究に関する事業報告書』（厚生労働省平成 30 年度社会福祉推進事業／生活困窮者就労準備支援事業費等補助金）。

特定非営利活動法人抱樸（2020）『高校中退防止と困窮孤立する子供への居住就労生活の総合支援事業　中間報告書』（2019 年度　赤い羽根福祉基金　助成事業）。

戸室健作（2018）「都道府県別の子どもの貧困率とその要因」社会政策学会編『社会政策』第10 巻第 2 号通巻第 30 号、P.40 ～ P.51

中室牧子（2015）『「学力」の経済学』ディスカヴァー・トゥエンティワン

楢原真二（2014a）「大都市の超高齢化と限界コミュニティ：北九州市は孤独な老人の都市になるのか!?」『市政研究』大阪市政調査会、第 183 号、pp6 ～ 16

楢原真二（2014b）「北九州市八幡東区における 89 町会の現状と課題：高齢化の影響を中心にして」『北九州市立大学法政策論集』北九州市立大学法学会、第 41 巻第 3・4 号、pp395 ～464

難波利光・坂本毅啓（2017）『雇用創出と地域　——地域経済・福祉・国際視点からのアプローチ』大学教育出版。

日本財団子どもの貧困対策チーム（2016）『徹底調査　子供の貧困が日本を滅ぼす　社会的損失 40 兆円の衝撃』文藝春秋。

野澤正子（1991）『児童養護論』ミネルヴァ書房。

長谷川裕編著（2014）『格差社会における家族の生活・子育て・教育と新たな困難　——低所得者集住地域の実態調査から——』旬報社。

畠中亨（2015）「子どもの貧困対策法と貧困の概念」『生活経済政策』224、29-33。

林博幸・安井喜行編著『社会福祉の基礎理論　改訂版』ミネルヴァ書房

林明子（2016）『生活保護世帯の子どものライフストーリー　貧困の世代的再生産』勁草書房。

日向市（2017）『日向市子どもの未来応援推進計画』日向市。

廣田健（2015）「地域における子どもの貧困と『子どもの貧困対策法』：北海道・道東地域における課題を中心として　（新教育基本法と教育再生実行戦略）——（公開シンポジウム　体罰・いじめ・子どもの貧困と教育法）」『日本教育法学会年報』44、124-133。

福原宏幸（2007）「社会的排除／包摂論の現在と展望：パラダイム・「言説」をめぐる議論を中心に」福原宏幸編『シリーズ・新しい社会政策の課題と挑戦　第 1 巻　社会的排除／包摂と社会政策』法律文化社 11-39 頁

古川孝順（2019）『古川孝順社会福祉学著作選集　第 1 巻　社会福祉学の基本問題』中央法規出版。

Serge Paugam（2005）Les forms èlèmentaries de la pauvretè, Presses Universitaires de France（＝川野英二・中條健志訳（2016）『貧困の基本形態——社会的紐帯の社会学』新泉社）

増田寛也編著（2014）『地方消滅』中央公論新社

松村智史（2016）「貧困世帯の子どもの学習支援事業の成り立ちと福祉・教育政策上の位置づけの変化──行政審議、国会審理および新聞報道から──」（所収：『社会福祉学』社会福祉学会、57 巻 2 号、P.43 ～ P.56）

松村智史（2017a）「子どもの貧困対策における福祉と教育の連携に関する一考察──生活困窮世帯の子どもの学習支援事業から──」（所収：『社会福祉学』社会福祉学会、58 巻 2 号、P.1 ～ P.12）

松村智史（2017b）「生活困窮世帯の子どもの学習支援に参加する大学生ボランティアの学びに関する研究」（所収：『日本教育学会大會研究発表要項』日本教育学会、76 巻、P.214 ～ P.215）

松村智史（2019）「生活困窮世帯の子どもの学習・生活支援事業の成立に関する一考察──国の審議会等の議論に着目して──」（所収：『社会福祉学』社会福祉学会、60 巻 2 号、P.1 ～ P.13）

松村智史（2020）「子どもの貧困対策における『学習支援によるケア』概念・モデルの考察──教育、福祉、居場所の意義に着目して──」（所収：『日本教育学会大會研究発表要項』日本教育学会、79 巻、P.250 ～ P.251）

松本伊智朗（2014）「子どもの貧困・若者の貧困」（所収：岩崎晋也、岩間伸之、原田正樹編『社会福祉研究のフロンティア』有斐閣、P.76 ～ P.79）。

松本伊智朗（2017）『「子どもの貧困」を問いなおす　家族・ジェンダーの視点から』法律文化社。

松本伊智朗・湯澤直美・平湯真人・山野良一・中嶋哲彦編著（2016）『子どもの貧困ハンドブック』かもがわ出版。

三塚武男（1997）『生活問題と地域福祉　［ライフの視点から］』ミネルヴァ書房

宮崎亮一郎（2007）「母体保護法（診療の基本、研修コーナー）」『日本産科婦人科學會雑誌』日本産科婦人科学会、第 59 巻第 3 号、ppN-15 ～ N-23

宮武正明（2014）『子どもの貧困　─貧困の連鎖と学習支援─』みらい。

宮本太郎（2017）『共生保障〈支え合い〉の戦略』岩波書店。

山野則子（2019）『子どもの貧困　──子どもの生活に関する実態調査から見えてきたもの』明石書店。

山野良一（2014）『子どもに貧困を押しつける国・日本』光文社。

湯浅誠（2008）『反貧困　──「すべり台社会」からの脱出』岩波書店。

湯沢雍彦・宮本みち子（2008）『新版　データで読む家族問題』NHK 出版。

湯澤直美（2013）「21 世紀の教育ビジョン「子どもの貧困対策法」と学校」『教職研修』42 (2)、11-13。

横浜市（2017）「横浜市統計ポータルサイト　大都市比較統計年表」、2018 年 1 月 20 日参照

〈http://www.city.yokohama.lg.jp/ex/stat/daitoshi/〉

吉川洋（2016）『人口と日本経済』中央公論新社

吉住隆弘、川口洋誉、鈴木晶子（2019）『子どもの貧困と地域の連携・協働　〈学校とのつなが
り〉から考える支援』明石書店。

B.S.Rowntree（1922）*Poverty-A Study of Town Life*, Longmans, Green & Co.（＝長沼弘
毅訳（1960）『貧乏研究』ダイヤモンド社）

Ruth Listaer（2004）Poverty, Polity（＝松本伊智朗監訳、立木勝訳（2011）『貧困とはなに
か　——概念・言説・ポリティクス』明石書店）

Tess Ridge（2002）*Chidhood Poverty and Social Exclusion*, The Policy Press（＝渡辺雅
男監訳、中村好孝・松田洋介訳（2010）『子どもの貧困と社会的排除』桜井書店）

■ 著者紹介

坂本　毅啓 （さかもと　たけはる）

現　　職：北九州市立大学基盤教育センター及び地域創生学群　准教授
学　　歴：龍谷大学社会学部社会福祉学科卒業
　　　　　龍谷大学大学院社会学研究科社会福祉学専攻修士課程修了
　　　　　四天王寺国際仏教大学（現　四天王寺大学）大学院人文社会学研
　　　　　究科人間福祉学専攻博士後期課程単位取得満期退学
学　　位：修士（社会福祉学）
主　　著：
『福祉職・保育者養成教育における ICT 活用への挑戦　より深い学びと質
の高い支援スキル獲得をめざして』（共著）大学教育出版、2019 年
『最新　介護福祉士養成講座 2　社会の理解』（共編著）中央法規出版、
2019 年
『雇用創出と地域 ―― 地域経済・福祉・国際視点からのアプローチ ――』
（共編著）大学教育出版、2017 年
『現代社会と福祉』（共編著）東山書房、2015 年

地方の地域福祉
― 子どもの貧困とその対策・実践 ―

2022 年 8 月 30 日　初版第 1 刷発行

■ 著　　者 ── 坂本毅啓
■ 発 行 者 ── 佐藤　守
■ 発 行 所 ── 株式会社 大学教育出版
　　　　　　　〒 700-0953　岡山市南区西市 855-4
　　　　　　　電話（086）244-1268　FAX（086）246-0294
■ 印刷製本 ── モリモト印刷 ㈱

ISBN978-4-86692-169-3